국어 실력으로 이어지는 수(秀) 한자
3-4급 상

국어 실력으로 이어지는 수(秀) 한자: 3-4급 상

발행일   2019년 7월 30일

지은이   최동석
펴낸이   손형국
펴낸곳   (주)북랩
편집인   선일영   편집   오경진, 강대건, 최승헌, 최예은, 김경무
디자인   이현수, 김민하, 한수희, 김윤주, 허지혜   제작   박기성, 황동현, 구성우, 장홍석
마케팅   김회란, 박진관, 조하라, 장은별
출판등록 2004. 12. 1(제2012-000051호)
주소   서울시 금천구 가산디지털 1로 168, 우림라이온스밸리 B동 B113, 114호
홈페이지 www.book.co.kr
전화번호 (02) 2026-5777   팩스   (02) 2026-5747

ISBN   979-11-6299-627-0 04710 (종이책)   979-11-6299-628-7 05710 (전자책)
        979-11-6299-611-9 04710 (세트)

이 도서의 국립중앙도서관 출판예정도서목록(CIP)은 서지정보유통지원시스템 홈페이지(http://seoji.nl.go.kr)와
국가자료공동목록시스템(http://www.nl.go.kr/kolisnet)에서 이용하실 수 있습니다.
(CIP제어번호: CIP2019029599)

(주)북랩 성공출판의 파트너

북랩 홈페이지와 패밀리 사이트에서 다양한 출판 솔루션을 만나 보세요!

홈페이지 book.co.kr   •   **블로그** blog.naver.com/essaybook   •   **원고모집** book@book.co.kr

국어 실력으로
이어지는

秀수

한자

최동석 지음

북랩 book Lab

3-4급
上

머리말

한자는 비단 한문을 잘 이해하기 위해서 익혀야 하는 글자가 아니다. 국어 어휘의 상당수가 한자어로 되어있는 현실을 직시한다면, 국어를 바르게 사용하기 위한 필수 과정이 한자를 익히는 과정이라 할 수 있다.

'약의 부작용'이라고 할 때 한글로만 적으면 정확한 의미가 와닿지 않아 '약의 잘못된 작용'으로 이해하기 쉽다. 하지만 '藥의 副作用'이라고 쓰면 '副(부)'자가 버금, 딸림의 의미로 금방 와닿아 약의 主作用(주작용) 외에 여러 부수적인 작용이라고 정확히 파악할 수 있다. 비아그라가 원래는 고혈압 치료제로 개발되었으나 副作用으로 발기부전치료제로 쓰이듯이 말이다.

또한 한자의 정확한 이해는 국어 생활을 더욱 풍부하게 해준다. 소식이라고 쓰면 단순히 적게 먹는 것으로 이해하기 쉬우나, 한자로 素食(소식)이라고 쓰면, '간소하게 먹는다'는 뜻으로도 쓸 수 있다. 이와 같이 한자의 사용은 국어 어휘 구사력을 높여 주어, 결국 국어에 대한 전반적인 능력을 업그레이드시킬 수 있게 해준다.

한국 사람이 사전 없이 책을 읽을 수 있는 것은 한자에 힘입은 바가 크다. 부자라는 단어만 알아도 부국, 부강, 부유 등의 어휘도 그 뜻을 유추할 수 있다. 전제 조건은 '富'가 '부유하다'는 의미라는 것을 알고 있느냐는 것이다. 그런데 만일 '부'의 의미를 정확히 모르면 그 외의 단어들도 그 의미를 잘못 파악하기 쉽다.

그렇다면 어떻게 한자를 익혀야 하는가?

한자는 부수 요소와 부수 외 요소가 있고, 부수별로 분류하여 외우는 것이 단순히 가나다의 순서로 외우는 것보다 훨씬 체계적이고 이해도 빠르다. 또한 한자만의 독특한 제자원리가 있으니 象形(상형), 指事(지사), 會意(회의), 形聲(형성), 假借(가차), 轉注(전주)가 바로 그것이다.

1. 象形(상형)

사물의 모양[形(형)]을 있는 그대로 본떠서 한자를 만드는 방법이다.

예: 土(토), 山(산) 등

2. 指事(지사)

숫자나 위치, 동작 등과 같의 구체적인 모양이 없는 것을 그림이나 부호 등을 이용해 구체화시켜 한자를 만드는 방법이다.

예: 上(상), 下(하)

3. 會意(회의)

이미 만들어진 글자들에서 뜻과 뜻을 합해 새로운 뜻의 글자를 만드는 방법이다.

예: 男(남) = 田(전) + 力(력) → '男子(남자)는 밭[田]에서 힘[力]을 써서 일하는 사람'이라는 뜻이다.

4. 形聲(형성)

새로운 뜻의 글자를 만들기 위해서 이미 만들어진 글자를 이용하는 방법이다. 회의가 뜻과 뜻을 합하여 새로운 글자를 만들어 내는 방법임에 비해, 형성은 한 글자에서는 소리를 따오고 다른 글자에서는 모양을 따다가 그 모양에서 뜻을 찾아 새로운 뜻의 글자를 만드는 방법이다.

예: 江(강) : 氵[물] + 工(공)

河(하) : 氵[물] + 可(가)

5. 假借(가차)

이미 만들어진 한자에 모양이나 소리나 뜻을 빌려 새로 찾아낸 뜻을 대입해서 사용하는 방법이다.

예: 弗 1) 아니다, 2) 달러

佛 1) 어그러지다, 2) 부처

6. 轉注(전주)

모양이 다르고 뜻이 같은 두 개 이상의 글자가 서로 자음이 같거나, 모음이 같거나 혹은 자음과 모음이 같은 관계 때문에 그 글자들 사이에 아무런 구별 없이 서로 섞어 사용하는 방법을 말한다.

예: 老(로), 考(고)

본 교재는 위의 원리에 입각해서 저술되었다. 다만 한 글자의 제자원리에 대한 설이 여럿인 경우가 있다. 이런 경우 기억을 위해 편리한 설을 따랐다. 또한 너무 깊이 들어가서 '한자학습서'가 아닌 '한자연구서'가 되지 않도록 어려운 내용은 과감히 생략하였다.

국어 실력으로 이어지는 수(秀) 한자: 3-4급 상

현재 시중에 한자 학습서로 나와 있는 교재 중에 한자를 상세히 풀이하여 놓은 책이 많이 있다. 하지만 대다수가 자의적인 해설을 달아놓은 것이다.

본 교재는 정직하게 쓰려고 하였다. 아는 만큼 연구한 만큼만 쓰려고 하였고, 그럼에도 불구하고 역량의 부족함을 느낀 적도 많았음을 고백한다. 하지만 이제 정직한 한자 교재가 하나쯤 있어야 한다는 당위성에 위로를 받으며 집필을 마치고자 한다.

끝으로 각종 한자 시험에 응시하려는 이들은, 각 시험의 특징, 선정 한자의 出入(출입) 등을 파악하고 대비하기 위해서 본 교재를 학습한 후 반드시 문제집을 풀어 볼 것을 당부 드린다.

2019년 7월

根巖 崔東石

목차

제1장

동물 관련 부수

제2장

식물 관련 부수

제3장

사람 관련 부수-전신

제4장

사람 관련 부수-손

제5장

사람 관련 부수-입

제6장

사람 관련 부수-신체 일부

목차

하

제7장

건물 관련 부수

제8장

무기 관련 부수

제9장

그릇 관련 부수

제10장

기물 관련 부수

제11장

자연물 관련 부수

제12장

지형 관련 부수

제13장

숫자와 필획 관련 부수

필순의 원칙

1. 왼쪽부터 오른쪽으로 쓴다.
   예 外(외)　　ノ　ク　夕　外　外

2. 위에서 아래로 쓴다.
   예 客(객)　　丶　丷　宀　宀　夘　突　客　客

3. 가로획과 세로획이 교차될 때는 가로획을 먼저 쓴다.
   예 木(목)　　一　十　才　木

4. 좌·우 대칭을 이루는 글자는 가운데를 먼저 쓰고 좌·우의 순서로 쓴다.
   예 水(수)　　丨　기　才　水

5. 몸과 안으로 된 글자는 몸부터 쓴다.
   예 內(내)　　丨　冂　内　內

6. 가운데를 꿰뚫는 획은 맨 나중에 쓴다.
   예 手(수)　　丨　기　才　水

7. 허리를 끊는 획은 맨 나중에 쓴다.
   예 母(모)　　乚　母　母　母　母

8. 삐침(ノ)과 파임(乀)이 만날 때는 삐침을 먼저 쓴다.
   예 父(부)　　丶　八　夕　父

9. 오른쪽 위의 점은 맨 나중에 찍는다.
   예 成(성)　　丿　厂　F　成　成　成　成

10. 받침으로 쓰이는 글자는 다음 두 가지로 구분한다.
    * 달릴 주(走)나 면할 면(免)은 먼저 쓴다.
    예 起(기)　　一　十　土　キ　キ　非　走　起　起　起

    * 뛸 착, 갈 착(辶)이나 길게 걸을 인(廴)은 맨 나중에 쓴다.
    예 道(도)　　丷　丷　半　首　首　首　首　道　道　道　道

제1장
동물 관련 부수

001

牛

소 우

소의 머리를 표현한 글자이다.
소는 사람에게 가장 중요한 가축이기 때문에 牛자 부수에 속하는
한자는 소뿐 아니라 여러 가축과 관련된 뜻을 지니기도 한다.

01-005
한자자격시험 3~4급

牧 | 목
칠
획수: **8** 부수: **牛**

>>> 회의문자

牛 + 攴[칠 복] (→ '소를 치다'의 뜻이다)

牧童 목동
마소나 양을 치는 아이

牧民 목민
백성을 다스림

牧師 목사
교회나 교구를 관리하고 신자를 지도하는 *敎役者*(교역자)

牧畜 목축
가축을 치는 일

放牧 방목
가축을 놓아 기름

遊牧 유목
거처를 정하지 않고 물과 풀을 따라 옮기며 소, 말, 양 등
의 가축을 기르는 일

01-006
한자자격시험 3~4급

特 | 특
특별할
획수: **10** 부수: **牛**

>>> 형성문자

牛 + 寺(사) (→ 寺의 전음이 음을 나타냄)

特權 특권
특정인에게 주어지는 우월한 지위나 권리

特技 특기
특별한 기능이나 기술

特別 특별
❶ 보통과 다름
❷ 보통보다 훨씬 뛰어남

特徵 특징
특별히 눈에 띄는 점

獨特 독특
특별하게 다름

英特 영특
특별히 뛰어남

01-007
한자자격시험 5~8급

物 | 물
만물
획수: **8** 부수: **牛**

>>> 형성문자

牛 + 勿(물)

物色 물색 / **物我一體** 물아일체 / **物情** 물정 /
物證 물증 / **物品** 물품 / **事物** 사물

01-008
한자자격시험 5~8급

牛 | 우
소
획수: **4** 부수: **牛**

>>> 상형문자

牛刀割鷄 우도할계 / **牛步** 우보 / **牛乳** 우유 /
牛耳讀經 우이독경 / **九牛一毛** 구우일모 /
鬪牛 투우

19

개 견  개사슴록변

개를 표현한 글자이다.
犬자가 글자의 왼쪽에 덧붙여질 때는 犭의 형태로 바뀌는데 이는
'개사슴록변'이라 한다.
犬(犭)자 부수에 속하는 한자는 일반적으로 늑대와 비슷한 짐승
의 명칭이나 성질과 관련된 뜻을 지닌다.

01-019
한자자격시험 3~4급

犯 | 범

범할
획수: **5** 부수: **犬**

>>> 형성문자

犭 + 㔾(절) (→ 㔾의 전음이 음을 나타냄)

犯法 범법
법을 어김

犯罪 범죄
罪(죄)를 범함, 또는 범한 그 죄

犯行 범행
범죄 행위

輕犯 경범
가벼운 죄

共犯 공범
두 사람 이상이 공모하여 범한 죄, 또는 그러한 사람

防犯 방범
범죄를 막음

01-020
한자자격시험 3~4급

猶 | 유
오히려
획수: **12** 부수: **犬**

>>> 형성문자

犭 + 酋(추) (→ 酋의 전음이 음을 나타냄)

猶豫 유예

❶ 일이나 날짜를 미룸
❷ 우물쭈물하며 망설임

過猶不及 과유불급

지나침은 미치지 못함과 같음

01-021
한자자격시험 3~4급

狀 | 장, 상
문서, 형상
획수: **8** 부수: **犬**

>>> 형성문자

犬 + 爿(장)

狀態 상태

사물이나 현상이 처하여 있는 형편이나 모양

狀況 상황

어떤 일의 모습이나 형편

賞狀 상장

상을 주는 뜻을 적어 주는 증서

令狀 영장

❶ 명령을 적은 문서
❷ 수색, 구금 등의 목적으로 법원에서 발부하는 문서

01-022
한자자격시험 3~4급

獨 | 독
홀로
획수: **16** 부수: **犬**

>>> 형성문자

犭 + 蜀(촉) (→ 蜀의 전음이 음을 나타냄)

獨立 독립

혼자의 힘으로 섬

獨不將軍 독불장군

혼자서만 아니라고 하는 장군

'따돌림을 받는 사람', 또는 '남의 의견은 무시하고 모든 일을 혼자 처리하는 사람'을 이름

獨裁 독재

특정한 개인, 단체, 계급이 모든 권력을 쥐고 지배하는 일

獨創 독창

자기 혼자만의 독특한 것을 고안하거나 만들어 냄

孤獨 고독

❶ 외로움

❷ 어려서 부모를 여읜 아이와 자식 없는 늙은이

犬馬之勞 견마지로 / **犬猿之間** 견원지간 /
忠犬 충견 / **鬪犬** 투견

003

羊

양 양

뿔이 아래로 굽은 양의 머리를 표현한 글자이다.

羊자 부수에 속하는 한자는 일반적으로 양과 관련된 뜻을 지닌다. 또한 羊자는 많은 글자에 덧붙여져 음의 역할을 하기도 한다.

01-025

한자자격시험 3~4급

群 | 군

무리

획수: **13** 부수: **羊**

>>> 형성문자

羊 + 君(군)

群鷄一鶴 군계일학

많은 닭 가운데 한 마리 학

'여럿 가운데 홀로 빼어남'을 이름

群島 군도

무리를 이룬 많은 섬

群小 군소

그다지 크지 않은 여러 것들

群雄割據 군웅할거

많은 영웅이 각지에 자리 잡고 세력을 다툼

群衆 군중

무리 지어 모여 있는 많은 사람

拔群 발군

여러 사람 가운데서 특히 빼어남

01-026
한자자격시험 3~4급

義 | 의
옳을
획수: **13** 부수: **羊**

>>> 회의문자

羊 + 我

義理 의리
사람으로서 지켜야 할 올바른 도리

義務 의무
마땅히 해야 할 직분

義士 의사
나라와 민족을 위해 의로운 행동으로 목숨을 바친 사람

義捐 의연
慈善(자선)이나 公益(공익)을 위해 금품 또는 물품을 냄

廣義 광의
범위를 넓게 잡은 뜻

信義 신의
믿음과 의리

01-027
한자자격시험 5~8급

羊 | 양
양
획수: **6** 부수: **羊**

>>> 상형문자

羊頭狗肉 양두구육 / **羊皮紙** 양피지 / **牧羊** 목양

01-028
한자자격시험 5~8급

美 | 미
아름다울
획수: **9** 부수: **羊**

>>> 회의문자

羊 + 大[큰]

美觀 미관 / **美談** 미담 / **美辭麗句** 미사여구 /
美風 미풍 / **美化** 미화 / **讚美** 찬미

004

虫

벌레 **훼** / 벌레 **충**

뱀을 표현한 글자이다.
虫자 부수에 속하는 한자는 작은 동물, 개구리와 같은 양서류, 조개와 같은 패류와도 관련이 있다.

01-038
한자자격시험 3~4급

蟲 | 충

벌레

획수: **18** 부수: **虫**

>>> 회의문자

虫을 셋 겹쳐 벌레를 나타냄

蟲齒 충치
벌레 먹은 이

昆蟲 곤충
벌레

幼蟲 유충
새끼벌레. 애벌레

害蟲 해충
해가 되는 벌레

005

豕

돼지 시

돼지를 표현한 글자이다.

豚 | 돈

돼지, 지척거릴

획수: **11** 부수: **豕**

>>> 회의문자

豕 + 月[고기 육]

豚肉 돈육

돼지고기

養豚 양돈

돼지를 먹여 기름

象 | 상

코끼리

획수: **12** 부수: **豕**

>>> 상형문자

象牙 상아

코끼리의 어금니

象徵 상징

추상적인 내용을 구체적인 사물로써 나타내는 일

象形 상형

❶ 형상을 본뜸

❷ 六書(육서)의 하나로, 사물의 모양을 본뜬 글자

萬象 만상

온갖 사물

現象 현상

관찰할 수 있는 사물의 形象(형상)

形象 형상

물건이나 사람의 생긴 모양. 形狀(형상)

007

貝

조개 패

조개를 표현한 글자이다.
貝자 부수에 속하는 한자는 일반적으로 돈이나 값진 물건과 관계
된 뜻을 지닌다.

01-059
한자자격시험 3~4급

貢 | 공
바칠
획수: **10** 부수: **貝**

>>>형성문자

貝 + 工(공)

貢物 공물
지난날, 백성이 나라나 관청에 바치던 특산물

貢獻 공헌
❶ 공물을 바침
❷ 이바지함

朝貢 조공
지난날, 예속된 나라가 宗主國(종주국)에게 때마다 바치던
공물

01-059
한자자격시험 3~4급

貫 | 관
꿸
획수: **11** 부수: **貝**

>>> 회의문자

貝 + 毋

貫祿 관록
몸에 갖추어진 위엄이나 무게

貫徹 관철
주의, 주장 따위를 일관하여 밀고 나가 목적을 이룸

貫通 관통

꿰뚫어 통함

一貫 일관

처음부터 끝까지 한결같이 꿰뚫음

一以貫之 일이관지

하나의 이치로써 모든 일을 꿰뚫음

貸 | 대

빌릴

획수: **12** 부수: **貝**

>>> 형성문자

貝 + 代(대)

貸付 대부

이자와 기한을 정하고 돈이나 물건을 빌려줌

貸與 대여

빌려 주거나 꾸어줌

貸出 대출

돈, 물건 따위를 빚으로 꾸어 줌

寬貸 관대

너그럽게 용서함

賃貸 임대

삯을 받고 빌려 줌

貿 | 무

장사할

획수: **12** 부수: **貝**

>>> 형성문자

貝 + 卯 (→ 卯의 전음이 음을 나타냄)

貿易 무역

외국 상인과 물품을 수출입하는 상행위

負 | 부
질
획수: **9** 부수: **貝**

>>> 회의문자

貝 + 人

負擔 부담

의무나 책임을 짐, 또는 맡은 의무나 책임

負債 부채

빚, 또는 빚을 짐

勝負 승부

이김과 짐. 勝敗(승패)

抱負 포부

앞날에 대한 생각이나 계획 또는 희망

費 | 비
쓸
획수: **12** 부수: **貝**

>>> 형성문자

貝 + 弗(불) (→ 弗의 전음이 음을 나타냄)

費用 비용

드는 돈. 쓰이는 돈

經費 경비

어떤 일을 하는데 드는 비용

浪費 낭비

돈, 물건 등을 필요 이상으로 헛되이 씀

消費 소비

돈, 물건, 시간 등을 써서 없앰

旅費 여비

여행에 드는 비용

虛費 허비

헛되이 씀, 또는 그 비용

資 | 자

재물

획수: **13** 부수: **貝**

>>> 형성문자

貝 + 次(차) (→ 次의 전음이 음을 나타냄)

資格 자격

일정한 신분, 지위를 가지거나 어떤 행동을 하는데 필요한 조건

資金 자금

이익을 낳는 바탕이 되는 돈. 資本金(자본금)

資本 자본

사업에 필요한 밑천

資源 자원

생산의 바탕이 되는 여러 가지 物資(물자)

物資 물자

경제나 생활의 바탕이 되는 갖가지 물건

投資 투자

사업 등에 자금을 댐

賊 | 적

도둑

획수: **13** 부수: **貝**

>>> 형성문자

戈[창] + 則(칙) (→ 則의 전음이 음을 나타냄)

賊反荷杖 적반하장

도둑놈이 도리어 몽둥이를 듦
'잘못한 사람이 도리어 성을 내는 것'의 비유

盜賊 도적

도둑. 賊盜(적도)

貞 | 정

곤을

획수: **9** 부수: **貝**

>>> 회의문자

卜[점] + 貝

貞潔 정결

여자의 정조가 곧고 행실이 깨끗함

貞淑 정숙

여자의 행실이 얌전하고 마음씨가 고움

貞節 정절

여자의 곧은 절개

貞操 정조

여자의 군은 절개

贊 | 찬

도울

획수: **19** 부수: **貝**

>>> 형성문자

貝 + 兟(신) (→ 兟의 전음이 음을 나타냄)

贊同 찬동

찬성하여 뜻을 같이함

贊反 찬반

찬성과 반대

贊成 찬성

타인의 의견에 동의함

贊助 찬조

뜻을 같이하여 도움

協贊 협찬

힘을 합하여 도움

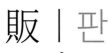

01-068

한자자격시험 3~4급

賤 | 천

천할

획수: **15** 부수: **貝**

>>> 형성문자

貝 + 戔(전) (→ 戔의 전음이 음을 나타냄)

賤待 천대
업신여겨 푸대접함

賤民 천민
신분이 천한 백성

賤視 천시
천히 여겨 낮게 봄

微賤 미천
보잘것없고 천함

卑賤 비천
신분이 낮고 천함

至賤 지천
❶ 매우 천함
❷ 너무 많아서 귀할 것이 없음

01-069

한자자격시험 3~4급

販 | 판

팔

획수: **11** 부수: **貝**

>>> 형성문자

貝 + 反(반) (→ 反의 전음이 음을 나타냄)

販路 판로
상품이 팔려 나가는 길이나 방면

販賣 판매
상품을 팖

市販 시판
시장이나 시중에서 일반에게 판매함

外販 외판

판매 사원이 직접 고객을 방문하여 상품을 파는 일

總販 총판

어떤 상품을 도거리로 도맡아 팖

01-070
한자자격시험 3~4급

賀 | 하

하례할

획수: **12** 부수: **貝**

>>> 형성문자

貝 + 加(가) (→ 加의 전음이 음을 나타냄)

賀客 하객

축하하러 온 손님

賀禮 하례

축하하는 예식

祝賀 축하

즐겁고 기쁘다는 뜻으로 인사함, 또는 그러한 인사

01-071
한자자격시험 3~4급

賢 | 현

어질

획수: **15** 부수: **貝**

>>> 형성문자

貝 + 臤(간) (→ 臤의 전음이 음을 나타냄)

賢明 현명

어질고 영리하여 사리에 밝음

賢母良妻 현모양처

어진 어머니이자 착한 아내

賢人 현인

❶ 어진 사람. 현명한 사람. 賢者(현자)
❷ 덕행의 뛰어남이 성인 다음가는 사람

聖賢 성현

성인과 현인

01-072

한자자격시험 3~4급

貴 | 귀

귀할

획수: **12** 부수: **貝**

>>> 형성문자

貝 + 虫[臾(유)의 생략형] (→ 臾의 전음이 음을 나타냄)

貴人 귀인

사회적 신분이나 지위가 높은 사람

貴重 귀중

매우 소중함. 珍重(진중)

貴賤 귀천

귀함과 천함. 尊卑(존비)

高貴 고귀

지위나 인품이 높고 귀함

尊貴 존귀

지위가 높고 귀함

品貴 품귀

물건이 귀함

01-073

한자자격시험 3~4급

買 | 매

살

획수: **12** 부수: **貝**

>>> 회의문자

网[그물] + 貝

買收 매수

❶ 사들임

❷ 금품으로 남을 꾀어 자기편으로 삼음

買占賣惜 매점매석

값이 오르거나 물건이 달릴 것을 예상하여 어떤 상품을
많이 사 두고 되도록 팔지 않으려 하는 일

買辦 매판

외국 자본의 앞잡이가 되어 私利(사리)를 취하고, 자국의
이익은 돌보지 않는 일

買票 매표

표를 삼

購買 구매

물건을 사들임

01-074
한자자격시험 3~4급

賣 | 매

팔

획수: **15** 부수: **貝**

>>> 회의문자

出 + 買

賣買 매매

물건을 팔고 사고 함

賣物 매물

팔 물건

賣盡 매진

모조리 팔림

賣出 매출

물건을 내어 팖

發賣 발매

상품을 팔기 시작함

專賣 전매

獨占(독점)하여 팖

貧 | 빈

가난할

획수: **11** 부수: **貝**

>>> 형성문자

貝 + 分(분) (→ 分의 전음이 음을 나타냄)

貧困 빈곤

가난하고 군색함

貧富 빈부

가난함과 넉넉함

貧弱 빈약

❶ 가난하고 약함
❷ 보잘것없음

貧血 빈혈

피 속의 적혈구나 혈색소의 수가 줄어든 상태

極貧 극빈

몹시 가난함

淸貧 청빈

청렴하고 가난함

賞 | 상

상줄

획수: **15** 부수: **貝**

>>> 형성문자

貝 + 尙(상)

賞金 상금

상으로 주는 돈

賞罰 상벌

상과 벌

賞牌 상패

상으로 주는 패

褒賞 포상

칭찬하여 상을 줌

懸賞 현상

어떤 목적으로 조건을 붙여 상품이나 상금을 내거는 일

01-077
한자자격시험 3~4급

財 | 재

재물

획수: **10** 부수: **貝**

>>> 형성문자

貝 + 才(재)

財界 재계

실업가나 금융업자의 社會(사회)

財閥 재벌

재계에서 큰 세력을 가진 독점적 자본가나 기업가의 무리

財産 재산

개인이나 단체가 소유한, 경제적 가치가 있는 것의 총체

財源 재원

재화나 재정의 근원

蓄財 축재

재물을 모음

橫財 횡재

뜻밖에 재물을 얻음, 또는 그렇게 얻은 재물

01-078

한자자격시험 3~4급

貯 | 저

쌓을

획수: **12** 부수: **貝**

>>> 형성문자

貝+ 宁(저)

貯金 저금

돈을 모아 둠

貯藏 저장

쌓아서 간직하여 둠

貯蓄 저축

절약하여 모아 둠

01-079

한자자격시험 3~4급

質 | 질

바탕, 볼모

획수: **15** 부수: **貝**

>>> 형성문자

貝 + 斦 (→ 斦의 전음이 음을 나타냄)

質問 질문

모르거나 의심나는 것을 물음

質疑 질의

의심나는 것을 물음

質責 질책

❶ 잘못을 따져 꾸짖음
❷ 잘잘못을 따져서 밝힘

素質 소질

날 때부터 지니고 있는 성격, 능력 따위의 바탕이 되는 것

人質 인질

볼모로 잡힌 사람

資質 자질

타고난 성품이나 소질

01-080
한자자격시험 3~4급

責 | 책

꾸짖을

획수: **11** 부수: **貝**

>>> 형성문자

貝 + 朿[朿(자)의 생략형] (→ 朿의 전음이 음을 나타냄)

責望 책망

허물을 꾸짖음

責任 책임

맡아서 하여야 할 임무

問責 문책

일의 責任(책임)을 물어 꾸짖음

職責 직책

맡은 일에 따른 책임

叱責 질책

꾸짖어 나무람

詰責 힐책

잘못을 따져서 꾸짖음

01-081
한자자격시험 3~4급

貨 | 화

재화

획수: **11** 부수: **貝**

>>> 형성문자

貝 + 化(화)

貨物 화물

비행기, 자동차, 배 따위로 실어 나르는 짐

貨幣 화폐

돈

外貨 외화

외국의 화폐

財貨 재화

돈과 값나가는 물건. 財物(재물)

通貨 통화

'한 나라 안에서 통용되고 있는 화폐'의 총칭

貝物 패물 / **貝塚** 패총

01-082
한자자격시험 5~8급

貝 | 패

조개

획수: **7** 부수: **貝**

>>> 상형문자

008

隹

새 추

새를 표현한 글자이다.

隹자 부수에 속하는 한자는 대체로 새의 종류와 관련된 뜻을 지닌다. 아울러 隹자는 많은 글자에서 음의 역할을 하기도 한다.

01-090
한자자격시험 3~4급

難 | 난

어려울, 난리

획수: **19** 부수: **隹**

>>> 형성문자

隹 + 菓(난)

難攻不落 난공불락

공격하기가 어려워 좀처럼 함락되지 아니함

難局 난국

어려운 판국

難民 난민

전쟁이나 재난을 피하여 떠돌아다니며 고생하는 사람

難兄難弟 난형난제

누구를 형이라 하고 누구를 아우라 해야 할지 분간하기 어려움. '우열을 정하기가 어려움'을 이름. 莫上莫下(막상막하)

非難 비난

남의 잘못이나 흠을 들추어 나무람

避難 피난

재난을 피하여 옮김

詰難 힐난

캐고 따져서 비난함

離 | 리

떠날

획수: **19** 부수: **隹**

>>> 형성문자

隹 + 离(리)

離陸 이륙

비행기가 날기 위해 땅에서 떠오름

離別 이별

서로 헤어짐

離脫 이탈

떨어져 나가거나 떨어져 나옴

離合集散 이합집산

헤어지고 합치고 모이고 흩어짐
'헤어졌다 모였다 함'을 이름

離婚 이혼

혼인 관계를 끊는 일

分離 분리

따로 나뉘어 떨어짐

雖 | 수

비록

획수: **17** 부수: **隹**

>>> 형성문자

虫[벌레] + 唯(유) (→ 唯의 전음이 음을 나타냄)

雖然 수연

비록 ~라 하더라도. 비록 ~라고는 하지만. 그러나

雅 | 아
우아할
획수: **12** 부수: **隹**

>>> 형성문자

隹 + 牙(아)

雅量 아량

깊고 너그러운 마음씨

雅號 아호

문인, 학자, 화가 등이 본명 외에 따로 지어 부르는 이름

端雅 단아

단정하고 아담함

優雅 우아

품위 있고 아름다움

雜 | 잡
섞일
획수: **18** 부수: **隹**

>>> 형성문자

襍(잡)의 속자
衣[옷] + 集(집) (→ 集의 전음이 음을 나타냄)

雜穀 잡곡

쌀 이외의 곡식

雜念 잡념

여러 가지 쓸데없는 생각

雜音 잡음

시끄러운 소리

雜種 잡종

❶ 여러 가지가 섞인 잡다한 종류
❷ 품종이 다른 암수의 교배에 의하여 생긴 생물체

煩雜 번잡

번거롭고 복잡함

錯雜 착잡

뒤섞이어 어수선함

01-095

한자자격시험 3~4급

雄 | 웅

수컷

획수: **12** 부수: **隹**

>>> 형성문자

隹 + 厷(굉)(→ 厷의 전음이 음을 나타냄)

雄大 웅대

웅장하고 큼

雄辯 웅변

조리 있고 힘차며 거침없는 말솜씨

雄飛 웅비

힘차고 씩씩하게 낢

雄壯 웅장

우람하고 으리으리함

英雄 영웅

재능, 지혜, 武勇(무용) 등이 특별히 뛰어난 사람

雌雄 자웅

❶ 암컷과 수컷
❷ '우열, 승패' 등의 비유

01-096
한자자격시험 3~4급

集 | 집

모을

획수: **12** 부수: **隹**

>>> 회의문자

隹 + 木 (→ 많은 새가 나무 위에 앉아있는 형상)

集結 집결

한곳으로 모으거나 모임

集計 집계

한데 모아서 계산함

集團 집단

모여 무리를 이룬 상태

集會 집회

많은 사람들이 일정한 때에 한곳에 모임 또는 그 모임

雲集 운집

구름같이 많이 모임

009

馬

말 마

말을 표현한 글자이다.
馬자 부수에 속하는 한자는 말의 여러 종류나 말로 인한 동작과
관련된 뜻을 지닌다.

01-104
한자자격시험 3~4급

驚 | 경
놀랄
획수: **23** 부수: **馬**

>>> 형성문자

馬 + 敬(경)

驚愕 경악
몹시 놀람

驚異 경이
놀랍고 이상함

驚天動地 경천동지
하늘을 놀라게 하고 땅을 움직임
'크세 세상을 놀라게 함'을 이름

驚歎 경탄
❶ 매우 감탄함
❷ 놀라서 탄식함

01-105
한자자격시험 3~4급

驛 | 역
역말
획수: **23** 부수: **馬**

>>> 형성문자

馬 + 睪(역)

驛舍 역사
역으로 쓰는 건물

驛長 역장

철도역의 책임자

驛前 역전

정거장 앞. 驛頭(역두)

01-106
한자자격시험 3~4급

驗 | 험

시험

획수: **23** 부수: **馬**

>>> 형성문자

馬 + 僉(첨) (→ 僉의 전음이 음을 나타냄)

經驗 경험

실지로 겪음, 또는 그 과정에서 얻어지는 지식 및 기능

受驗 수험

시험을 치름

試驗 시험

❶ 사물의 성질, 능력 등에 관하여 실지로 알아봄
❷ 학업 성적의 우열을 알아봄

證驗 증험

증거, 또는 증거를 내세움

體驗 체험

몸소 경험함

效驗 효험

일의 좋은 보람

01-107
한자자격시험 5~8급

馬 | 마

말

획수: **10** 부수: **馬**

>>> 상형문자

馬廏間 마구간 / **馬耳東風** 마이동풍 / **馬牌** 마패 /
騎馬 기마 / **駿馬** 준마

010

魚

물고기 어

물고기를 표현한 글자이다.
魚자 부수에 속하는 한자는 일반적으로 물고기처럼 물속에 사는
동물과 관련된 뜻을 지닌다.

01-109
한자자격시험 3~4급

鮮 | 선
고울, 적을
획수: **17** 부수: **魚**

>>> 형성문자

魚 + 羊[鱻(선)의 생략형] (→ 鱻의 생략형이 음을 나타냄)

鮮明 선명
깨끗하고 밝음

鮮血 선혈
갓 흘러나온 신선한 피

新鮮 신선
새롭고 산뜻함

01-110
한자자격시험 5~8급

魚 | 어
고기
획수: **11** 부수: **魚**

>>> 상형문자

魚頭肉尾 어두육미 / **魚雷** 어뢰 / **魚網** 어망 /
水魚之交 수어지교 / **稚魚** 치어

011

鳥
새 조

새를 표현한 글자이다.
鳥자 부수에 속하는 한자는 흔히 새의 명칭과 관련된 뜻을 지닌다.

01-116
한자자격시험 3~4급

鷄 | 계
닭
획수: **21** 부수: **鳥**

>>> 형성문자

鳥 + 奚(혜) (→ 奚의 전음이 음을 나타냄)

鷄卵有骨 계란유골
달걀에도 뼈가 있음
'좋은 기회를 만났으나 공교롭게 일이 꼬임'을 이름

鷄肋 계륵
닭의 갈비뼈
'가치는 적지만 버리기에는 아까운 것'의 비유

鷄鳴狗盜 계명구도
닭 울음소리로 남을 속이고 개를 가장하여 물건을 훔침
'천한 기능을 가진 사람도 때로는 쓸모가 있음', 또는 '점잖은 사람이 배울 것이 못되는 천한 기능'을 이름

養鷄 양계
닭을 기름

鬪鷄 투계
닭싸움을 붙이는 일

| 01-117 |
| 한자자격시험 3~4급 |

鳴 | 명
울
획수: **14** 부수: **鳥**

>>> 회의문자

鳥 + 口 (→ 새가 운다는 뜻)

悲鳴 비명
몹시 놀라거나 괴롭거나 다급할 때에 지르는 외마디 소리

| 01-118 |
| 한자자격시험 3~4급 |

鳥 | 조
새
획수: **11** 부수: **鳥**

>>> 상형문자

鳥瞰圖 조감도
높은 데서 내려다본 것처럼 그린 그림

鳥足之血 조족지혈
새발의 피. '분량이 아주 적음'을 이름

鳥獸 조수
날짐승과 길짐승

吉鳥 길조
좋은 일이 생김을 미리 알려 준다는 새

51

012

鹿

사슴 록

사슴을 표현한 글자이다.

01-121
한자자격시험 3~4급

鹿 | 록
사슴
획수: **11** 부수: **鹿**

>>> 상형문자

鹿角 녹각
사슴뿔

鹿茸 녹용
사슴의 새로 돋은 연한 뿔로, 아직 가지가 돋지 아니한 것

馴鹿 순록
사슴과 비슷하나 더 크고 억센 짐승

龍

용 룡

상상의 동물 용을 표현한 글자이다.

015

龍

용 룡

상상의 동물 용을 표현한 글자이다.

01-122
한자자격시험 3~4급

龍 | 룡
용

획수: **16** 부수: **龍**

>>> 상형문자

龍頭蛇尾 용두사미
용의 머리에 뱀의 꼬리
'크게 시작했다가 흐지부지 끝나는 것'의 비유

龍床 용상
임금이 앉는 자리

龍顔 용안
임금의 얼굴. 聖面(성면). 玉顔(옥안)

龍虎相搏 용호상박
용과 범이 서로 싸움. '강자끼리 승부를 다툼'을 이름

恐龍 공룡
중생대 쥐라기에서 백악기에 걸쳐 살았던, 거대한 파충류의 화석 동물

제 1 장 동물 관련 부수

53

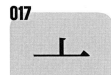

017

亠

돼지해머리

무엇을 표현했는지 알 길이 없는 글자이다.
亠자는 글자 구성에 도움을 줄 뿐이고 그 뜻에 영향을 미치지 않는다.

01-126
한자자격시험 3~4급

亦 | 역, 혁

또, 클

획수: **6** 부수: 亠

>>> 지사문자

사람의 양 옆구리를 나타냄

亦是 역시

또한. 이것도

01-127
한자자격시험 3~4급

亭 | 정

정자

획수: **9** 부수: 亠

>>> 형성문자

高[높을 고]의 생략형 + 丁(정)

亭子 정자

놀거나 쉬기 위하여, 경치가 좋은 곳에 지은 집

亭亭 정정

❶ 늙은 몸이 꾸정꾸정한 모양
❷ 산이 우뚝 솟은 모양

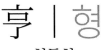

01-128
한자자격시험 3~4급

亥 | 해
돼지
획수: **6** 부수: 亠

>>> 상형문자

亥時 해시

❶ 십이시의 열두째 시

❷ 이십사시의 스물셋째 시

01-129
한자자격시험 3~4급

享 | 향
누릴
획수: **8** 부수: 亠

>>> 상형문자

종묘의 모습을 그림

享年 향년

죽은 이가 한평생 살아서 누린 나이

享樂 향락

즐거움을 누림

享有 향유

누리어 가짐

01-130
한자자격시험 3~4급

亨 | 형
형통할
획수: **7** 부수: 亠

>>> 회의문자

高의 생략형 + 日[삶은 요리]

亨通 형통

❶ 모든 일이 뜻과 같이 잘됨

❷ 運(운)이 좋아서 출세함

元亨利貞 원형이정

❶ 하늘이 갖추고 있는 네 가지 덕
   곧, 봄, 여름, 가을, 겨울의 원리

❷ 사물의 근본 되는 도리

8
한자자격시험 3~4급

亡 | 망, 무
멸할, 없을
획수: **3** 부수: 亠

>>> 회의문자

ㄴ[숨음] + 入

亡國 망국

❶ 망한 나라
❷ 나라를 망침. 나라가 망함

亡靈 망령

죽은 사람의 넋

亡命 망명

정치적 이유 등으로 자기 나라에서 남의 나라로 몸을 피하는 일

亡羊之歎 망양지탄

양을 잃은 탄식
'학문의 길이 여러 갈래여서 힘이 미치지 못함'의 비유
多岐亡羊(다기망양)

滅亡 멸망

망하여 없어짐

死亡 사망

사람이 죽음

01-131
한자자격시험 5~8급

京 | 경
서울
획수: **8** 부수: 亠

>>> 상형문자

언덕 위에 집이 서 있는 것을 본뜸

京城 경성 / **歸京** 귀경 / **上京** 상경

01-132
한자자격시험 5~8급

交 | 교

사귈

획수: **6** 부수: 亠

>>> 상형문자

사람의 종아리가 교차해 있는 모양

交流 교류 / **交易** 교역 / **交際** 교제 / **交換** 교환 /
修交 수교 / **絶交** 절교

019

터럭 **삼**

가지런히 나 있는 터럭을 표현한 글자이다.
옛날에 터럭은 흔히 장식을 하는데 사용되었다. 따라서 彡자 부
수에 속하는 한자는 대개 아름답게 장식한다는 뜻과 서로 관련
이 있다.

01-139
한자자격시험 5~8급

形 | 형
형상
획수: **7** 부수: 彡

>>> 형성문자

彡 + 幵(견) (→ 幵의 전음이 음을 나타냄)

形象 형상 / **形色** 형색 / **形勢** 형세 / **形容** 형용 /
形體 형체 / **形便** 형편 / **外形** 외형 / **地形** 지형

020

歹

뼈 앙상할 **알**

살이 없어지고 금이 간 뼈만 앙상하게 남아있는 모양을 표현한 글자이다.

뼈만 앙상하게 남은 모양은 죽음이나 재난을 상징하므로 歹자 부수에 속하는 한자는 대부분 그 상징하는 의미와 관련이 있다.

01-145
한자격시험 3~4급

殘 | 잔
남을
획수: **12** 부수: **歹**

>>> 형성문자

歹 + 戔(잔)

殘留 잔류
남아서 처져 있음

殘額 잔액
나머지 돈의 액수

殘餘 잔여
남아 있는 것

殘酷 잔혹
잔인하고 혹독함

相殘 상잔
서로 해치고 싸움

衰殘 쇠잔
쇠퇴하여 약해짐

01-146
한자격시험 5~8급

死 | 사
죽을
획수: **6** 부수: **歹**

>>> 회의문자

歹 + 匕[사람을 거꾸로 한 모양]

死境 사경 / **死守** 사수 / **死鬪** 사투 / **決死** 결사 / **凍死** 동사 / **致死** 치사

021

毛

터럭 **모**

몇 가닥의 짧은 터럭과 한 가닥의 긴 터럭을 표현한 글자이다.

01-149
한자자격시험 5~8급

毛 | 모

털

획수: **4** 부수: **毛**

>>> 상형문자

毛髮 모발 / **毛細管** 모세관 / **毛織** 모직 /
毛皮 모피 / **不毛** 불모 / **脫毛** 탈모

023

羽

깃 우

깃을 표현한 글자로, 새의 두 날개에 있는 깃을 간단하게 나타낸
것이다.

01-157
한자자격시험 3~4급

羽 | 우
깃

획수: **6** 부수: **羽**

>>> 상형문자

羽翼 우익

❶ 새의 날개

❷ 좌우에서 보좌하는 일, 또는 그 사람

羽化登仙 우화등선

몸에 날개가 돋아 하늘로 올라가 신선이 됨

01-158
한자자격시험 5~8급

習 | 습
익힐

획수: **11** 부수: **羽**

>>> 회의문자

羽 + 白

習慣 습관 / **習性** 습성 / **習作** 습작 / **惡習** 악습 /
豫習 예습 / **因習** 인습

024

肉 고기 육 月 육달월

고기를 표현한 글자인데, 저며 놓은 한 덩어리의 고기를 나타냈다. 肉자가 글자에 덧붙여져 사용될 때는 月의 형태로 간략하게 변화되어 쓰인다.

01-183
한자자격시험 3~4급

脚 | 각
다리
획수: **11** 부수: **肉**

>>> 형성문자

月 + 却(각)

脚光 각광
무대 전면의 아래쪽에서 배우를 비추어 주는 광선

脚線美 각선미
다리의 곡선에서 느끼는 아름다움

脚色 각색
소설. 설화 따위를 각본으로 고쳐 쓰는 일

健脚 건각
튼튼한 다리

橋脚 교각
다리를 받치는 기둥

失脚 실각
❶ 발을 헛디딤
❷ 실패하여 지위를 잃음

01-184
한자격시험 3~4급

腦 | 뇌
뇌
획수: **13** 부수: **肉**

>>> 회의문자

月 + 巛[머리카락] + 囟[머리모양]

腦裏 뇌리

머릿속. 마음속

腦死 뇌사

뇌의 기능이 완전히 정지되어 있는 상태

腦炎 뇌염

'뇌수에 炎症(염증)이 생기어 나는 병'의 총칭

頭腦 두뇌

❶ 머릿골
❷ 사물의 이치를 슬기롭게 판단하는 힘

01-185
한자격시험 3~4급

能 | 능
능할
획수: **10** 부수: **肉**

>>> 상형문자

본래 곰을 뜻하였으나 뒤에 '재능', '능력' 등의 뜻으로 가차됨

能動 능동

스스로 움직이거나 작용하는 것

能爛 능란

솜씨가 익숙함

能力 능력

어떤 일을 해낼 수 있는 힘

能通 능통

어떤 일에 통달함

技能 기능

기술적인 능력이나 재능

才能 재능

재주와 능력

01-186
한자자격시험 3~4급

背 | 배

등

획수: **9** 부수: **肉**

>>> 형성문자

月 + 北(배)

背景 배경

❶ 뒤쪽의 경치

❷ 그림, 사진 등에서 뒤편에 펼쳐진 부분

背水陣 배수진

물을 등지고 치는 진법

背信 배신

신의를 저버림

背恩忘德 배은망덕

입은 은덕을 저버리고 배반하는 일

背馳 배치

서로 등지고 달림. 서로 반대가 되어 어긋남

違背 위배

약속이나 명령 따위를 어기거나 지키지 아니함

01-187
한자자격시험 3~4급

腹 | 복
배

획수: **13** 부수: **肉**

>>> 형성문자

月 + 复(복)

腹膜 복막

腹壁(복벽)의 안쪽에서 내장 기관들을 싸고 있는 얇은 막

腹部 복부

배 부분

腹案 복안

마음속에 품고 있는 생각이나 계획

腹痛 복통

배가 아픈 병

心腹 심복

❶ 가슴과 배
❷ 마음 놓고 믿을 수 있는 부하

01-188
한자자격시험 3~4급

肥 | 비
살찔

획수: **8** 부수: **肉**

>>> 회의문자

月 + 巴[巴는 卩의 변형]

肥大 비대

살이 쪄서 몸집이 크고 뚱뚱함

肥料 비료

식물의 성장을 촉진하려고 땅에 주는 영양 물질, 거름

肥滿 비만

살이 쪄서 몸이 뚱뚱함

肥沃 비옥

땅이 기름짐

胃 | 위

밥통

획수: **9** 부수: **肉**

>>> 회의문자

月 + 田[위장 안에 음식이 들어있는 모양]

胃酸 위산

위에서 분비되는, 소화 작용을 하는 산(酸)

胃癌 위암

위 속에 생기는 악성 腫瘍(종양)

胃腸 위장

위와 창자

胃痛 위통

위가 아픈 증세

腸 | 장

창자

획수: **13** 부수: **肉**

>>> 형성문자

月 + 昜(양) (→ 昜의 전음이 음을 나타냄)

灌腸 관장

藥物(약물)을 항문으로부터 직장에 주입하는 일

斷腸 단장

❶ 창자를 끊음
❷ 창자가 끊어질 듯한 슬픔이나 괴로움

脫 | 탈

벗을

획수: **11** 부수: **肉**

>>> 형성문자

月 + 兌(태) (→ 兌의 전음이 음을 나타냄)

脫落 탈락

어떤 데에 끼지 못하고 떨어져 나가거나 빠짐

脫漏 탈루

있어야 할 것이 빠짐

脫線 탈선

기차나 전차의 바퀴가 궤도에서 벗어남

脫盡 탈진

기운이 다 빠져 없어짐

離脫 이탈

떨어져 나감

虛脫 허탈

멍하여 힘이 빠지고 일이 손에 안 잡히는 상태

01-192
한자자격시험 3~4급

肺 | 폐

허파

획수: **8** 부수: **肉**

>>> 형성문자

月 + 市 (→ 市의 전음이 음을 나타냄)

肺病 폐병

결핵균의 전염으로 생기는 폐의 병, 肺結核(폐결핵)

肺腑 폐부

❶ 부아. 허파
❷ 깊은 마음속
❸ 핵심. 요점

肺炎 폐렴/폐염

폐에 생기는 염증

肺活量 폐활량

숨을 한 번 들이쉬고 내쉼에 따라 폐에 출입하는 최대의 공기량

心肺 심폐

심장과 허파

01-193
한자자격시험 3~4급

胞 | 포

태보

획수: **9** 부수: **肉**

>>> 회의문자

月 + 包[태 안에 있는 아이]

同胞 동포

❶ 같은 어머니에게서 태어난 형제자매

❷ 같은 겨레

細胞 세포

생물체의 기본적 구성단위

細胞膜(세포막), 原形質(원형질), 細胞核(세포핵)으로 구성되어 있음

01-194
한자자격시험 3~4급

胸 | 흉

가슴

획수: **10** 부수: **肉**

>>> 회의문자

月 + 匈[가슴]

胸襟 흉금

마음속에 품은 생각

胸部 흉부

가슴 부분

胸像 흉상

인체의 머리에서 가슴까지를 나타낸 조각상이나 초상화

胸中 흉중

❶ 가슴 속

❷ 마음, 생각, 心中(심중)

| 01-195 |
| 한자자격시험 5~8급 |

肉 | 육

고기

획수: **6** 부수: **肉**

>>> 상형문자

肉聲 육성 / **肉體** 육체 / **肉親** 육친 / **果肉** 과육 /
血肉 혈육

| 01-196 |
| 한자자격시험 5~8급 |

育 | 육

기를

획수: **8** 부수: **肉**

>>> 회의문자

月 + 𠫓[子의 거꾸로 된 모양]

育成 육성 / **育兒** 육아 / **發育** 발육 / **飼育** 사육 /
養育 양육

025

虍

범의 문채 **호**

범의 모습을 독립적으로 표현한 글자이다.

01-199
한자자격시험 3~4급

處 | 처
곳, 머무를
획수: **11** 부수: **虍**

>>> 회의문자

夊[걸음] + 几[걸상] + 虍

處斷 처단
결단하여 처리함

處暑 처서
이십사절기의 하나
立秋(입추)와 白露(백로) 사이로 8월 23일경

處世 처세
남들과 사귀면서 살아가는 일

處地 처지
놓여 있는 경우나 환경

居處 거처
거주하는 곳

傷處 상처
다친 곳

01-200

한자자격시험 3~4급

虛 | 허

빌

획수: **12** 부수: **虍**

>>> 형성문자

丘 + 虍(호) (→ 虍의 전음이 음을 나타냄)

虛無 허무

❶ 아무것도 없이 텅 빔

❷ 덧없음. 無常(무상)

虛勢 허세

실상이 없는 기세

虛心坦懷 허심탄회

마음에 거리낌이 없이 솔직함

虛榮 허영

❶ 필요 이상의 겉치레

❷ 헛된 영화

虛張聲勢 허장성세

실력이 없으면서 虛勢(허세)로 떠벌림

虛荒 허황

거짓되고 근거가 없음

01-201

한자자격시험 3~4급

虎 | 호

범

획수: **8** 부수: **虍**

>>> 상형문자

호랑이 모양을 본뜸

虎口 호구

범의 입. '매우 위험한 지경'의 비유

虎視眈眈 호시탐탐

범이 날카로운 눈초리로 노려봄

'기회를 노리며 형세를 살핌'의 비유

猛虎 맹호

몹시 사나운 범

01-202

한자자격시험 5~8급

號 | 호

부르짖을, 부를

획수: **13** 부수: **虍**

>>> 형성문자

虎 + 号(호)

號令 호령 / **記號** 기호 / **番號** 번호 / **符號** 부호 /
雅號 아호 / **稱號** 칭호

국어 실력으로 이어지는 수(秀) 한자: 3-4급 상

026

角

뿔 각

투박하고 거친 뿔을 표현한 글자이다.

01-204
한자자격시험 3~4급

角 | 각

뿔

획수: **7** 부수: **角**

>>> 상형문자

뿔을 본뜬 글자

角度 각도

❶ 각의 크기
❷ 사물을 보는 방향. 觀點(관점)

角木 각목

네모지게 켠 나무

角者無齒 각자무치

뿔이 있는 자는 이가 없음
'한 사람이 모든 재주나 복을 다가질 수 없음'을 이름

角逐 각축

서로 이기려고 다툼

頭角 두각

❶ 머리의 끝
❷ 여럿 중 특히 뛰어난 학식이나 재능

解 | 해

풀

획수: **13** 부수: **角**

>>> 회의문자

角 + 牛[소] + 刀[칼] (→ 소의 뿔을 칼로 떼어냄)

解渴 해갈

❶ 목마름을 풂

❷ 가물을 면함

解雇 해고

고용했던 사람을 내보냄

解明 해명

잘 설명하여 분명히 함

解放 해방

束縛(속박)에서 풀려나 자유로운 몸이 됨

難解 난해

풀기가 어려움

瓦解 와해

무너져 흩어짐

028

非

아닐 **비**

새의 두 날개가 각기 다른 방향으로 펼쳐져 있는 모양을 표현한 글자이다.

01-208
한자자격시험 3~4급

非 | 비

아닐

획수: **8** 부수: **非**

>>> 상형문자

새가 날개를 편 모양. 가차되어 '아니다'의 뜻으로 쓰임

非理 비리

도리에 어긋나는 일

非命橫死 비명횡사

제명대로 살지 못하고 뜻밖의 변으로 죽음

非夢似夢 비몽사몽

꿈속 같기도 하고 아닌 것 같기도 함

非凡 비범

평범하지 않음

非一非再 비일비재

한두 번이 아님. 번번이 그러함

是非 시비

❶ 옳고 그름
❷ 옳고 그름을 따짐

75

029

革

가죽 **혁**

옷 같은 것을 만들기 위해 손질하여 말리고 있는 동물 가죽을 표현한 글자이다.

革자 부수에 속하는 한자는 대개 가죽으로 만든 물건과 관련된 뜻을 지닌다.

01-213
한자자격시험 3~4급

革 | 혁
가죽
획수: **9** 부수: **革**

>>> 상형문자

革命 혁명

❶ 이전 왕조를 뒤집고 새 왕조가 들어서는 일

❷ 국가, 사회의 조직이 급격하게 바뀌는 일

❸ 급격하게 발전하거나 변동하는 일

革新 혁신

고쳐 새롭게 함

改革 개혁

낡은 제도나 묵은 폐습 등을 새롭게 뜯어고침

變革 변혁

사회, 제도 등이 근본적으로 바뀜 또는 바꿈

沿革 연혁

사물이 변천해 온 내력

030

風

바람 풍

돛[凡]과 더불어 봉황새[鳳]로 눈에 보이지 않는 바람을 표현한 글자이다.

01-215
한자자격시험 5~8급

風 | 풍
바람
획수: **9** 부수: **風**

>>>

虫 + 凡(범) (→ 凡의 전음이 음을 나타냄)

風箱 풍상 / **風俗** 풍속 / **風前燈火** 풍전등화 /
風塵 풍진 / **風餐露宿** 풍찬노숙 / **風波** 풍파

031

飛 날 비

새가 날개를 활짝 펴고 나는 모양을 표현한 글자이다.

飛報 비보
급한 통지, 急報(급보)

飛翔 비상
새 따위가 하늘을 낢

飛躍 비약
1)높이 뛰어오름
2)급격히 발전하거나 향상됨

飛行 비행
공중으로 날아다님

飛火 비화
튀는 불똥.
'사건 따위가 관계없는 사람에게까지 미침'의 비유

雄飛 웅비
힘 있게 낢. '힘차고 씩씩하게 뻗어 나감'을 이름

032

骨

뼈 골

위가 좁고 아래가 넓은 뼈를 간단한 형태로 표현한 글자였다가 후에 月(폐)를 덧붙이면서 그 뜻을 분명히 했다.

01-218
한자자격시험 3~4급

骨 | 골
뼈

획수: **10** 부수: **骨**

>>> 회의문자

凸[뼈] + 月[살]

骨格 골격
❶ 몸을 지탱하는 뼈의 조직. 뼈대. 骨幹(골간)
❷ 사물의 주요 부분을 이루는 것. 骨骼(골격)

骨肉相殘 골육상잔
혈연관계에 있는 사람끼리 서로 해치며 싸우는 일

骨子 골자
❶ 뼈
❷ 사물의 핵심

骨折 골절
뼈가 부러짐

遺骨 유골
죽은 사람의 뼈

鐵骨 철골
❶ 鐵材(철재)로 된 큰 건축물의 뼈대
❷ 굳세게 생긴 골격

體 | 체

몸

획수: **23** 부수: **骨**

>>> 형성문자

骨 + 豊(례) (→ 豊의 전음이 음을 나타냄)

體格 체격 / **體系** 체계 / **體得** 체득 / **體質** 체질 /
肉體 육체 / **形體** 형체

제2장
식물 관련 부수

033

나무 목

나무를 표현한 글자이다. 가지와 줄기, 그리고 뿌리가 있는 나무를 간략한 형태로 나타냈다.

02-039
한자자격시험 3~4급

架 | 가
시렁
획수: **9** 부수: **木**

>>> 형성문자

木 + 加(가)

架空 가공
❶ 공중에 건너지름. 索道(삭도)
❷ 근거 없는 일

架橋 가교
❶ 다리를 놓음
❷ 건너질러 놓은 다리

架設 가설
건너질러 설치함

高架 고가
높다랗게 건너지름

書架 서가
책을 얹어 놓는 선반

02-040

한자자격시험 3~4급

檢 | 검
조사할
획수: **17** 부수: **木**

>>> 형성문자

木 + 僉(첨) (→ 僉의 전음이 음을 나타냄)

檢査 검사

실상을 검토하여 옳고 그름이나 좋고 나쁨을 조사함

檢索 검색

검사하여 찾음

檢閱 검열

검사하고 열람함

檢證 검증

검사하여 증명함

檢討 검토

검사하며 따져 봄

點檢 점검

낱낱이 조사함

02-041

한자자격시험 3~4급

格 | 격, 각
격식, 그칠
획수: **10** 부수: **木**

>>> 형성문자

木 + 各(각)

格式 격식

격에 어울리는 법식

格言 격언

사리에 맞아 교훈이나 경계가 될 만한 짧은 말

格調 격조

예술품에서, 내용과 구성의 조화로 이루어지는 예술적 품위

主格 주격

문장에서 體言(체언)이 주어 구실을 하게 하는 격의 형태

品格 품격

사람 된 바탕과 성품

合格 합격

❶ 격식이나 조건에 맞음

❷ 시험에 붙음

02-042

한자자격시험 3~4급

械 | 계

기구

획수: **11** 부수: **木**

>>> 형성문자

木 + 戒(계)

器械 기계

도구와 기물

機械 기계

동력으로 움직여서 일정한 일을 하게 만든 장치

02-043

한자자격시험 3~4급

構 | 구

얽을

획수: **14** 부수: **木**

>>> 형성문자

木 + 冓(구)

構圖 구도

❶ 꾀하여 도모함

❷ 조화롭게 배치한 도면의 짜임새

構想 구상

생각을 얽어 놓음, 또는 그 생각

構成 구성

얽어 만듦. 짜서 맞춤

構造 구조

전체를 이루고 있는 부분들의 서로 짜인 관계나 그 체계

機構 기구

하나의 조직을 이루고 있는 구조적인 체계

虛構 허구

사실이 아닌 것을 사실처럼 얽어 만듦

木 + 雚(관) (→ 雚의 전음이 음을 나타냄)

權利 권리

❶ 합법적으로 보장된 자격
❷ 권세와 이익

權威 권위

절대적인 것으로서 남을 복종시키는 힘

權益 권익

권리와 그에 따르는 이익

權限 권한

권리를 행사할 수 있는 범위

大權 대권

국가를 통치하는 권한

執權 집권

정권을 잡음

한자격시험 3~4급

橋 ｜ 교

다리

획수: **16** 부수: **木**

>>> 형성문자

木 + 喬(교)

橋脚 교각

다리를 받치는 기둥

橋頭堡 교두보

❶ 다리를 엄호하기 위해 쌓은 보루

❷ 작전의 기반이 되게 하는 거점

橋梁 교량

다리

架橋 가교

❶ 다리를 놓음

❷ 건너질러 놓은 다리

浮橋 부교

교각을 세우지 않고 널조각을 걸쳐 놓은 다리. 배다리

02-046

한자격시험 3~4급

極 ｜ 극

다할

획수: **13** 부수: **木**

>>> 형성문자

木 + 亟(극)

極端 극단

맨 끄트머리

極甚 극심

매우 심함

極惡無道 극악무도

더없이 악하고 도의심이 없음

極盡 극진

힘이나 마음을 다함

窮極 궁극

어떤 일의 마지막 끝

北極 북극

지구의 북쪽 끝

02-047
한자격시험 3~4급

機 | 기

베틀

획수: **16** 부수: **木**

>>> 형성문자

木 + 幾(기)

機械 기계

動力(동력)으로 움직여 일정한 일을 하게 만든 장치

機敏 기민

눈치가 빠르고 행동이 날쌤

機密 기밀

중요하고 비밀스런 일

機會 기회

일을 하기에 가장 적당한 시기

失機 실기

좋은 기회를 놓침

轉機 전기

어떤 상태에서 다른 상태로 변하는 계기

02-048
한자격시험 3~4급

柳 | 류

버들

획수: **9** 부수: **木**

>>> 형성문자

木 + 卯(묘) (→ 卯의 전음이 음을 나타냄)

細柳 세류

가지가 가는 버드나무

楊柳 양류

버들. 버드나무

02-049
한자자격시험 3~4급

栗 | 률

밤

획수: **10** 부수: **木**

>>> 상형문자

밤나무에 밤송이가 매달려 있는 모습을 본뜬 것

生栗 생률

날밤

棗栗 조율

대추와 밤

02-050
한자자격시험 3~4급

梨 | 리

배

획수: **11** 부수: **木**

>>> 형성문자

木 + 利(리)

梨花 이화

배꽃

木 + 每(매)

梅實 매실

매화나무의 열매

02-051
한자자격시험 3~4급

梅 | 매

매화

획수: **11** 부수: **木**

>>> 형성문자

梅香 매향

매화 향기

梅花 매화

매화나무, 또는 매화꽃

木 + 莫(모)

模倣 모방

흉내 냄. 본뜸

模範 모범

본받을 만한 규범

模寫 모사

무엇을 흉내 내거나 본떠서 그대로 나타내거나 그림

模擬 모의

실제와 비슷한 형식과 내용으로 연습 삼아 해봄

模型 모형

❶ 똑같은 물건을 만들어 내기 위한 틀. 거푸집
❷ 물건의 원형대로 만든 본

規模 규모

사물의 구조나 構想(구상)의 크기

02-052
한자자격시험 3~4급

模 | 모

법
획수: **15** 부수: **木**

>>> 형성문자

02-053
한자자격시험 3~4급

某 | 모

아무
획수: **9** 부수: **木**

>>> 회의문자

甘 + 木 (→ 본래 신 맛이 나는 열매를 뜻하였으나 '어떤 사람'이라는 뜻으로 가차됨)

某氏 모씨

'아무개'의 높임말

某種 모종

어떤 종류. 아무 종류

某處 모처

아무 곳. 어떤 곳

02-054
한자자격시험 3~4급

未 | 미
아닐
획수: **5** 부수: **木**

>>> 상형문자

木(목)자에 가지가 하나 더 있는 모습이다

未開 미개

❶ 꽃이 아직 피지 아니함
❷ 문명이 발달하지 못한 상태

未達 미달

아직 이르지 못함

未備 미비

아직 갖추어져 있지 않음

未熟 미숙

❶ 음식, 과실 등이 덜 익음
❷ 익숙하지 않아 서투름

未時 미시

❶ 십이시의 여덟째 시
❷ 이십사시의 열다섯째 시

未婚 미혼

아직 결혼하지 않음

02-055
한자자격시험 3~4급

杯 | 배
잔
획수: **8** 부수: **木**

>>> 형성문자

木 + 不(불) (→ 不의 전음이 음을 나타냄)

乾杯 건배

잔을 말림
축하하거나 건강을 기원하면서 술잔을 들어 술을 마시는 일

苦杯 고배

쓴 액체가 든 잔. '쓰라린 경험'의 비유

祝杯 축배

축하의 뜻을 나타내기 위하여 마시는 술 또는 그 술잔

02-056
한자자격시험 3~4급

查 | 사
조사할
획수: 9 부수: 木
>>> 형성문자

木 + 且(차) (→ 且의 전음이 음을 나타냄)

査閱 사열

군대에서, 장병을 정렬시키거나 행진시키어 그 士氣(사기)나 장비를 살펴봄

査定 사정

조사하여 결정함

査察 사찰

조사하여 살핌

檢査 검사

옳고 그름과 좋고 나쁨 등의 사실을 조사하여 판단함

審査 심사

자세히 조사하여 정함

02-057
한자자격시험 3~4급

松 | 송
소나무
획수: 8 부수: 木
>>> 형성문자

木 + 公(공) (→ 公의 전음이 음을 나타냄)

松林 송림

소나무 숲

松津 송진

소나무에서 나는 끈끈한 樹脂(수지). 松脂(송지)

老松 노송

늙은 소나무

02-058
한자자격시험 3~4급

束 | 속

묶을

획수: **7** 부수: **木**

>>> 회의문자

木 + 口 (감아서 묶은 모양 → 나무의 묶음을 나타냄)

束縛 속박

얽어매어 구속함

束手無策 속수무책

손이 묶인 듯이 어찌할 방책이 없음
'어찌할 도리 없이 꼼짝 못하게 됨'의 뜻

結束 결속

맺어 뭉침. 동여맴

拘束 구속

마음대로 못 하게 얽어맴

團束 단속

경계해 단단히 다잡음

約束 약속

장래에 할 일에 관하여 상대편과 서로 미리 정함

02-059
한자자격시험 3~4급

案 | 안

책상

획수: **10** 부수: **木**

>>> 형성문자

木 + 安(안)

案件 안건

토의하거나 연구할 거리

勘案 감안

헤아려 생각함

擧案齊眉 거안제미

밥상을 눈썹 높이까지 들어 올려 바침
'남편을 지극히 공경함'을 이름

考案 고안

생각하고 연구하여 새로운 안을 찾아냄

提案 제안

안을 냄. 계획을 제출함

懸案 현안

이전부터 논의되어 왔으나 해결되지 않고 있는 의안

02-060
한자격시험 3~4급

樣 | 양

모양

획수: **15** 부수: **木**

>>> 형성문자

木 + 羕(양)

樣相 양상

모습, 모양, 상태

多樣 다양

종류가 많음

貌樣 모양

❶ 모습, 맵시, 생김새
❷ 어떠한 일의 형편이나 상태. 되어 가는 꼴

02-061
한자격시험 3~4급

榮 | 영

영화

획수: **14** 부수: **木**

>>> 형성문자

木 + 熒(형) (→ 熒의 생략형의 전음이 음을 나타냄)

榮枯盛衰 영고성쇠

성함과 쇠함

榮光 영광

빛나는 名譽(명예). 榮譽(영예)

93

榮辱 영욕

영예와 치욕

榮華 영화

몸이 귀하게 되어서 이름이 남

共榮 공영

함께 번영함

虛榮 허영

❶ 실속이 없는 헛된 영화

❷ 겉치레

木 + 王(왕)

枉臨 왕림

귀한 몸을 굽히어 오심. '남이 자기가 있는 곳으로 찾아옴' 의 敬稱(경칭). 枉駕(왕가)

枉法 왕법

법을 굽혀 악용함

02-062
한자자격시험 3~4급

枉 | 왕
굽을
획수: **8** 부수: **木**
>>> 형성문자

02-063
한자자격시험 3~4급

材 | 재
재목
획수: **7** 부수: **木**
>>> 형성문자

木 + 才(재)

材料 재료

❶ 물건을 만드는 감

❷ 일을 할 거리

材木 재목

건축이나 기구를 만드는 데 재료가 되는 나무

국어 실력으로 이어지는 수(秀) 한자: 3-4급 상

材質 재질

❶ 목재의 성질

❷ 재료의 성질

素材 소재

어떤 것을 만드는 데 바탕이 되는 재료

人材 인재

재능이 있는 사람

資材 자재

어떤 물건을 만드는 재료

02-064
한자자격시험 3~4급

栽 | 재

심을

획수: **10** 부수: **木**

>>> 형성문자

木 + 㦤(재)

栽培 재배

심어서 가꿈

盆栽 분재

觀賞(관상)을 위해 화분에 심어 가꾼 나무, 또는 그런 일

02-065
한자자격시험 3~4급

條 | 조

가지

획수: **11** 부수: **木**

>>> 형성문자

木 + 攸(유) (→ 攸의 전음이 음을 나타냄)

條件 조건

어떤 사물이 성립되는 데 갖추어야 하는 요소

條例 조례

❶ 조항을 좇아 이루어진 법령

❷ 지방 자치단체가 자주적으로 만든 법규

條目 조목

법률이나 규정 따위의 낱낱의 조항이나 항목. 條項(조항)

條文 조문

조목을 벌여 적은 글

信條 신조

굳게 믿어 지키는 조목

```
02-066
한자자격시험 3~4급

朱 | 주
붉을
획수: 6  부수: 木

>>> 지사문자
```

木(목)의 중간에 '一'을 그어 '나무의 줄기'를 표시함

朱紅 주홍

붉은빛과 누른빛의 중간 빛깔

朱黃 주황

주홍빛과 누른빛의 중간으로 붉은 쪽에 가까운 빛깔

印朱 인주

도장을 찍을 때 묻혀 쓰는 붉은 빛깔의 재료

```
02-067
한자자격시험 3~4급

株 | 주
그루
획수: 10  부수: 木

>>> 형성문자
```

木 + 朱(주)

株價 주가

株式(주식)의 값

株式 주식

주식회사의 자본을 이루는 단위

守株 수주

그루터기를 지킴

'변통할 줄 모르고 어리석게 한 가지만을 고집함'의 비유
守株待兎(수주대토)

02-068
한자자격시험 3~4급

枝 | 지
가지
획수: **7** 부수: **木**

>>> 형성문자

木 + 支(지) (→ 支의 전음이 음을 나타냄)

枝葉 지엽
❶ 가지와 잎
❷ 사물의 중요하지 않은 부분

剪枝 전지
나무의 곁가지를 자르고 다듬는 일

02-069
한자자격시험 3~4급

板 | 판
널조각
획수: **8** 부수: **木**

>>> 형성문자

木 + 反(반) (→ 反의 전음이 음을 나타냄)

板刻 판각
글씨, 그림 등을 판에 새김, 또는 그 새긴 것. 登梓(등재)

板木 판목
인쇄하려고 글자나 그림을 새긴 나무판

板本 판본
목판으로 박은 책

看板 간판
상점 따위에서 상호, 업종, 상품명 따위를 내건 표지

木板 목판
나무에 글이나 그림을 새긴 인쇄용 판

懸板 현판

글씨나 그림을 새기거나 써서 문 위의 벽 같은 곳에 다는
널조각

02-070
한자자격시험 5~8급

果 | 과
과실

획수: **8** 부수: **木**

>>> 상형문자

나무 위에 열매가 열린 모양을 본 뜸

果敢 과감 / **果樹** 과수 / **果實** 과실 / **結果** 결과 /
效果 효과

02-071
한자자격시험 5~8급

校 | 교
학교

획수: **10** 부수: **木**

>>> 형성문자

木 + 交(교)

校歌 교가 / **校舍** 교사 / **校閱** 교열 / **校則** 교칙 /
學校 학교 / **休校** 휴교

02-072
한자자격시험 5~8급

根 | 근
뿌리

획수: **10** 부수: **木**

>>> 형성문자

木 + 艮 (→ 艮의 전음이 음을 나타냄)

根幹 근간 / **根本** 근본 / **根性** 근성 / **根源** 근원 /
根絶 근절 / **禍根** 화근

국어 실력으로 이어지는 수(秀) 한자: 3-4급 상

02-073
한자자격시험 5~8급

東 | 동
동녘
획수: **8** 부수: **木**

>>> 회의문자

木 + 日[해] (→ 해가 나무 중간까지 돋았음을 나타내 동쪽을 뜻함)

東國 동국 / **東問西答** 동문서답 /
東奔西走 동분서주 / **東西古今** 동서고금 /
東夷 동이 / **極東** 극동

02-074
한자자격시험 5~8급

樂 | 악, 락, 요
풍유, 즐길, 좋아할
획수: **15** 부수: **木**

>>> 상형문자

크고 작은 북이 받침 위에 놓여 있는 모양

樂觀 낙관 / **樂園** 낙원 / **樂器** 악기 / **樂譜** 악보 /
樂山樂水 요산요수 / **享樂** 향락

02-075
한자자격시험 5~8급

李 | 리
오얏
획수: **7** 부수: **木**

>>> 형성문자

木 + 子(자) (→ 子의 전음이 음을 나타냄)

李下不整冠 이하부정관

02-076
한자자격시험 5~8급

林 | 림
수풀
획수: **8** 부수: **木**

>>> 회의문자

木을 둘 겹쳐 나무가 많이 있음을 뜻함

林野 임야 / **林業** 임업 / **密林** 밀림 / **山林** 산림 /
森林 삼림 / **儒林** 유림

02-077
한자자격시험 5~8급

末 | 말
끝
획수: **5** 부수: **木**

>>> 지사문자

木의 위쪽 끝에 '一'을 그어 '끝'을 표시함

末期 말기 / **末端** 말단 / **末路** 말로 / **末尾** 말미 /
末世 말세

02-078
한자자격시험 5~8급

木 | 목
나무
획수: **4** 부수: **木**

>>> 상형문자

나무 모양을 본뜸

木刻 목각 / **木器** 목기 / **木石** 목석 / **木材** 목재 /
木造 목조 / **苗木** 묘목

| 02-079 |
| 한자격시험 5~8급 |
| **朴 \| 박** |
| 순박할 |
| 획수: **6** 부수: **木** |
| >>> 형성문자 |

木 + 卜(복) (→ 卜의 전음이 음을 나타냄)

素朴 소박 / **淳朴** 순박 / **質朴** 질박

| 02-080 |
| 한자격시험 5~8급 |
| **本 \| 본** |
| 근본 |
| 획수: **5** 부수: **木** |
| >>> 지사문자 |

木을 바탕으로 'ㅡ'을 그어 '뿌리'를 표시함

本能 본능 / **本分** 본분 / **本業** 본업 / **本質** 본질 / **根本** 근본

| 02-081 |
| 한자격시험 5~8급 |
| **樹 \| 수** |
| 나무, 심을 |
| 획수: **16** 부수: **木** |
| >>> 형성문자 |

木 + 尌(주) (→ 尌의 전음이 음을 나타냄)

樹林 수림 / **樹立** 수립 / **樹木** 수목 / **果樹** 과수

02-082
한자자격시험 5~8급

植 | 식

심을

획수: **12** 부수: **木**

>>> 형성문자

木 + 直(직) (→ 直의 전음이 음을 나타냄)

植物 식물 / **植民** 식민 / **植樹** 식수 / **移植** 이식

02-083
한자자격시험 5~8급

業 | 업

업

획수: **13** 부수: **木**

>>> 상형문자

종과 북등 악기를 매단 널빤지를 그린 것

業務 업무 / **業績** 업적 / **企業** 기업 / **事業** 사업 / **職業** 직업 / **學業** 학업

02-084
한자자격시험 5~8급

村 | 촌

마을

획수: **7** 부수: **木**

>>> 형성문자

木 + 寸(촌)

村落 촌락 / **村長** 촌장 / **農村** 농촌 / **僻村** 벽촌

035

벼 **화**

곡물과 관련된 동작에서 비롯된 뜻을 지닌다.

02-096
한자자격시험 3~4급

稿 | 고

볏짚

획수: **15** 부수: **禾**

>>> 형성문자

禾 + 高(고)

稿料 고료
저서 또는 쓴 글에 대한 보수. 原稿料(원고료)

寄稿 기고
신문, 잡지 등에 싣기 위하여 원고를 써서 보냄

原稿 원고
❶ 출판하려고 초벌로 쓴 글
❷ 연설 따위의 초안

拙稿 졸고
'자기 원고'의 겸칭

脫稿 탈고
원고의 집필을 마침

02-097

穀 | 곡

곡식

획수: **15** 부수: **禾**

>>> 형성문자

한자자격시험 3~4급

禾 + 㱿(곡)의 생략형

穀類 곡류

곡식의 종류

'쌀, 보리, 밀' 따위

穀物 곡물

양식이 되는 쌀, 보리, 조, 콩 따위의 총칭

穀雨 곡우

이십사절기의 하나

淸明(청명)과 立夏(입하) 사이로, 4월 20일경

穀倉 곡창

❶ 곡물 창고

❷ 곡식이 많이 나는 곳. 穀鄕(곡향)

糧穀 양곡

양식으로 쓰는 곡식

五穀百果 오곡백과

온갖 곡식과 果實(과실)

02-098

私 | 사

사사

획수: **7** 부수: **禾**

>>> 형성문자

한자자격시험 3~4급

禾 + 厶(사)

私見 사견

자기 혼자의 의견

私立 사립

개인이 세움

私費 사비

개인이 부담하는 비용

私心 사심

❶ 자기 혼자의 생각

❷ 자기만의 이익을 꾀하는 마음

私慾 사욕

자기의 이익만을 채우려는 욕망

公私 공사

공적인 일과 사적인 일

02-099
한자자격시험 3~4급

稅 | 세

세금

획수: **12** 부수: **禾**

>>> 형성문자

禾 + 兌(태) (→ 兌의 전음이 음을 나타냄)

稅金 세금

租稅(조세)로 내는 돈

稅務 세무

세금을 부과하고 징수하는 것에 관한 사무

關稅 관세

국경을 넘는 화물에 대하여 매기는 조세

納稅 납세

세금을 냄

免稅 면세

세금을 면제함

脫稅 탈세

납세 의무자가 세금의 일부 또는 전부를 내지 않는 일

秀 | 수

빼어날

획수: **7** 부수: **禾**

>>> 형성문자

禾 + 乃(내) (→ 乃의 전음이 음을 나타냄)

秀麗 수려

산수의 경치가 뛰어나고 아름다움

秀才 수재

학문이나 재능이 뛰어난 사람

優秀 우수

여럿 중에 특히 뛰어남

俊秀 준수

재주, 지혜, 풍채가 남달리 뛰어남

移 | 이

옮길

획수: **11** 부수: **禾**

>>> 형성문자

禾 + 多(다) (→ 多의 전음이 음을 나타냄)

移動 이동

옮기어 움직임

移植 이식

옮겨 심음

移秧 이앙

모내기

移籍 이적

호적, 소속 등을 옮김

移轉 이전

장소나 주소를 옮김

推移 추이

시간이 흐름에 따라 사물의 상태가 변하여 가는 일

積 | 적
쌓을
획수: **16** 부수: **禾**
>>> 형성문자

禾 + 責(책) (→ 責의 전음이 음을 나타냄)

積金 적금
돈을 모아 둠

積雪 적설
쌓인 눈

積載 적재
물건을 쌓아 실음

積滯 적체
쌓여서 막힘

累積 누적
포개져 쌓임

山積 산적
산더미같이 쌓임

租 | 조
구실
획수: **10** 부수: **禾**
>>> 형성문자

禾 + 且(저) (→ 且의 전음이 음을 나타냄)

租稅 조세
국가 또는 지방 자치 단체가 필요한 경비를 국민에게서 받아들이는 세금

租借 조차
❶ 가옥이나 토지 따위를 돈을 내고 빌림
❷ 한 나라가 다른 나라 영토의 일부분에 대한 통치권을 일정 기간 얻어 지배하는 일

賭租 도조

남의 논밭을 지어 먹고 세로 무는 벼

種 | 종

씨, 심을

획수: **14** 부수: **禾**

>>> 형성문자

禾 + 重(중) (→ 重의 전음이 음을 나타냄)

種類 종류

일정한 질적 특징에 따라 나누어지는 부류

種別 종별

종류에 따른 구별

種子 종자

❶ 씨
❷ 사물의 근본

種族 종족

같은 조상에서 나온 사회 집단

雜種 잡종

❶ 이것저것 잡다한 종류
❷ 품종이 다른 암수의 교배에 의하여 생긴 생물체

播種 파종

곡식의 씨앗을 뿌림

秩 | 질

차례

획수: **10** 부수: **禾**

>>> 형성문자

禾 + 失(실) (→ 失의 전음이 음을 나타냄)

秩序 질서

사물이나 사회가 올바른 상태를 유지하기 위하여 지켜야
할 차례나 순서

02-106
한자격시험 3~4급

稱 | 칭
일컬을, 저울
획수: **14** 부수: **禾**

>>> 형성문자

禾 + 爯(칭)

稱量 칭량
❶ 저울로 닮
❷ 사정이나 형편을 헤아림

稱頌 칭송
공덕을 칭찬하여 기림

稱讚 칭찬
잘한다고 추어 줌

稱號 칭호
사회적으로 일컫는 이름

愛稱 애칭
본이름 외에 친근하게 부르는 이름

尊稱 존칭
높이어 부르는 칭호

02-107
한자격시험 5~8급

科 | 과
과정
획수: **9** 부수: **禾**

>>> 회의문자

禾 + 斗 [말; 곡식의 양을 잴 때 쓰였던 용기]

科擧 과거 / **科目** 과목 / **敎科** 교과 /
金科玉條 금과옥조 / **登科** 등과

秋 | 추

가을

획수: **9** 부수: **禾**

>>> 형성문자

禾 + 火[鰍(초)의 생략형] (→ 火의 전음이 음을 나타냄)
벼가 익었다는 뜻

秋收 추수 / **秋風落葉** 추풍낙엽 / **秋毫** 추호 /
晚秋 만추 / **立秋** 입추 / **存亡之秋** 존망지추

036

竹

대 죽

𝕏𝕏

대죽머리

대나무를 표현한 글자이다. 대의 가느다란 두 줄기에 잎이 붙은
형태로 나타냈다.

02-120
한자자격시험 3~4급

管 | 관

대롱
획수: **14** 부수: **竹**

>>> 형성문자

竹 + 官(관)

管理 관리
❶ 일을 맡아 처리함
❷ 통솔하고 감독함

管掌 관장
맡아서 주관함

管鮑之交 관포지교
管仲(관중)과 鮑叔牙(포숙아)의 사귐. '극진한 우정'을 이름

管轄 관할
권한을 가지고 지배함, 또는 그 권한이 미치는 범위

主管 주관
책임지고 맡아봄

血管 혈관
血液(혈액)이 흐르는 관

02-121
한자자격시험 3~4급

範 | 범
법
획수: **15** 부수: **竹**

>>> 형성문자

車 + 范(범) (→ 范의 생략형이 음을 나타냄)

範圍 범위
❶ 한정된 구역의 언저리
❷ 일정한 한계

範疇 범주
같은 성질의 것이 딸려야 할 部類(부류)나 범위

模範 모범
본받아 배울만함, 또는 그 본보기. 模表(모표)

師範 사범
1) 모범, 본보기
2) 학술, 무술, 기예를 가르치는 사람

示範 시범
모범을 보임

02-122
한자자격시험 3~4급

算 | 산
셈할, 산가지
획수: **14** 부수: **竹**

>>> 회의문자

竹 + 具(구) (→ 대나무 가지로 숫자를 맞춘다는 뜻)

算數 산수
수량이나 도형의 기초적인 원리나 법칙을 가르치는 수학

算定 산정
셈하여 정함

算出 산출
셈하여 냄

暗算 암산
머릿속으로 계산함

국어 실력으로 이어지는 수(秀) 한자: 3-4급 상

精算 정산

자세하게 계산함

竹 + 夭(요) (→ 夭의 전음이 음을 나타냄)

02-123
한자자격시험 3~4급

笑 | 소
웃을
획수: **10** 부수: **竹**

>>> 형성문자

談笑 담소

웃으면서 이야기함

微笑 미소

소리를 내지 아니하고 살짝 웃는 웃음

嘲笑 조소

조롱하여 비웃는 웃음

爆笑 폭소

여러 사람이 갑자기 큰 소리로 웃는 웃음

02-124
한자자격시험 3~4급

籍 | 적
문서
획수: **20** 부수: **竹**

>>> 형성문자

竹 + 耤(적)

國籍 국적

국가의 구성원으로서의 자격, 신분

史籍 사적

역사를 적은 책

書籍 서적

책. 書册(서책)

地籍 지적

땅에 대한 여러 가지 사항을 적은 기록

113

學籍 학적

학교에 갖추어 둔 학생 개개인에 관한 기록

戶籍 호적

호주를 중심으로 그 가족의 신분에 관한 것을 적은 공문서

02-125
한자자격시험 3~4급

節 | 절

마디
획수: **15** 부수: **竹**

>>> 형성문자

竹 + 卽(즉) (→ 卽의 전음이 음을 나타냄)

節減 절감

아껴서 줄임

節槪 절개

지조를 지키는 굳건한 마음이나 태도

節約 절약

아끼어 씀. 아낌

節制 절제

알맞게 조절함

季節 계절

1년을 봄, 여름, 가을, 겨울로 구분한 그 한 철

禮節 예절

예의와 절도

국어 실력으로 이어지는 수(秀) 한자: 3-4급 상

竹 + 束(자) (→ 束의 전음이 음을 나타냄)

02-126
한자격시험 3~4급

策 | 책
꾀
획수: **12** 부수: **竹**

>>> 형성문자

策動 책동
❶ 꾀를 부려서 남몰래 행동함
❷ 남을 움직이게 부추김

策略 책략
꾀와 방법. 計略(계략)

計策 계책
계획과 꾀

妙策 묘책
교묘하고 절묘한 계책

祕策 비책
비밀스런 계책

散策 산책
이리저리 거닒

02-127
한자격시험 3~4급

築 | 축
쌓을
획수: **16** 부수: **竹**

>>> 형성문자

竹 + 筑(축)

築臺 축대
높게 쌓아 올린 대

築城 축성
성을 쌓음

築造 축조
쌓아서 만듦

115

建築 건축

건물이나 구조물을 세우거나 쌓아서 만드는 일

增築 증축

기존 건물을 더 늘려서 지음

竹 + 扁(편)

玉篇 옥편

❶ 한자를 차례로 배열하고 음과 훈을 적어 엮은 책의 총칭. 字典(자전)
❷ 梁(양)나라 고야왕(顧野王)이 엮은 자전

長篇 장편

시가나 소설 따위에서, 내용이 긴 작품

千篇一律 천편일률

여러 시문의 격조(格調)가 한결같음
'많은 사물이 특징 없이 모두 비슷함'의 비유

竹 + 聿[율; 손에 붓을 쥔 모양의 상형]

筆力 필력

❶ 글씨의 획에 드러난 힘
❷ 문장의 힘

筆寫 필사

붓으로 베껴 씀

筆順 필순

글씨를 쓸 때 붓을 놀리는 차례

筆跡 필적

손수 쓴 글씨나 그린 그림의 형적. 手蹟(수적)

一筆揮之 일필휘지

글씨를 단숨에 힘차고 시원하게 죽 써 내림

絶筆 절필

붓을 놓고 글 또는 글씨 쓰기를 그만둠

02-130
한자자격시험 5~8급

答 | 답

대답할

획수: **12** 부수: **竹**

>>> 형성문자

竹 + 合(합) (→ 合의 전음이 음을 나타냄)

答禮 답례 / **答案** 답안 / **答狀** 답장 / **問答** 문답 / **報答** 보답 / **回答** 회답

02-131
한자자격시험 5~8급

等 | 등

무리

획수: **12** 부수: **竹**

>>> 회의문자

竹 + 寺[관청]

等分 등분 / **等身** 등신 / **降等** 강등 / **均等** 균등 / **越等** 월등

02-132
한자자격시험 5~8급

第 | 제
차례
획수: **11** 부수: **竹**

>>> 형성문자

竹 + 弟(제)

第三者 제삼자 / **第一** 제일 / **及第** 급제

02-133
한자자격시험 5~8급

竹 | 죽
대
획수: **6** 부수: **竹**

>>> 상형문자

대나무의 줄기와 잎을 그린 것이다

竹簡 죽간 / **竹林七賢** 죽림칠현 /
竹馬故友 죽마고우 / **竹帛** 죽백 / **竹筍** 죽순 /
竹杖 죽장

037

米 쌀 미

벼이삭을 표현한 글자이다. 이삭에 쌀이 되는 벼의 낱알이 양쪽
에 나란히 달린 모습이 나타나있다.

02-139
한자자격시험 3~4급

糧 | 량
양식
획수: **18** 부수: **米**

>>> 형성문자

米 + 量(량)

糧穀 양곡
양식으로 쓰는 곡식

糧食 양식
살아가는 데 필요한 먹을거리. 食糧(식량)

軍糧 군량
軍隊(군대)의 양식

02-140
한자자격시험 3~4급

米 | 미
쌀
획수: **6** 부수: **米**

>>> 상형문자

米壽 미수
'88세'의 異稱(이칭)

米飮 미음
쌀이나 좁쌀을 푹 끓여 체에 밭인 음식

精米 정미
깨끗하게 쓿은 흰쌀

玄米 현미

벼의 껍질만 벗기고 쓿지 않은 쌀

02-141
한자자격시험 3~4급

粉 | 분

가루

획수: **10** 부수: **米**

>>> 형성문자

米 + 分(분)

粉骨碎身 분골쇄신

뼈를 가루로 만들고 몸을 부숨
'盡力(전력)을 다함'의 비유

粉末 분말

가루

分碎 분쇄

❶ 아주 잘게 부스러뜨림
❷ 적을 철저히 쳐부숨

粉食 분식

빵, 국수 등과 같이 곡식의 가루로 만든 음식

粉塵 분진

티끌

花粉 화분

꽃가루

국어 실력으로 이어지는 수(秀) 한자: 3-4급 상

精 | 정

자세할

획수: **14** 부수: **米**

>>> 형성문자

米 + 靑(청) (→ 靑의 전음이 음을 나타냄)

精潔 정결

깨끗하고 조촐함

精讀 정독

자세히 읽음

精密 정밀

아주 정교하고 자세함

精選 정선

정밀하게 골라 뽑음

精銳 정예

날래고 용맹스러움, 또는 그런 군사나 선수

精通 정통

깊고 자세히 앎

  풀 **초**

 초두

두 포기의 풀을 표현한 글자이다.
艸자가 글자에 덧붙여질 때는 艹의 형태로 변화되어 쓰인다.

02-180
한자자격시험 3~4급

苟 | 구
진실로
획수: **9** 부수: 艹

>>> 형성문자

艹 + 句(구)

苟且 구차
❶ 살림이 매우 가난함
❷ 언행이 떳떳하지 못함

02-181
한자자격시험 3~4급

菌 | 균
버섯
획수: **12** 부수: 艹

>>> 형성문자

艹 + 囷(균)

菌類 균류
다른 유기체에 기생하여 포자로 번식하는 식물의 총칭
곰팡이, 버섯 따위

病菌 병균
병의 원인이 되는 세균

殺菌 살균
병원체 및 그 외의 미생물을 죽임. 滅菌(멸균)

細菌 세균
가장 미세한 하등 단세포 생물

++ + 余(여) (→ 余의 생략형의 전음이 음을 나타냄)

茶 | 다
차
획수: **10** 부수: ++

>>> 형성문자

茶菓 다과
차와 과자 또는 과일

茶道 다도
차를 손에게 대접하거나 마실 때의 방식 및 예의범절

茶禮 차례
명절, 조상의 생일 등에 지내는 간단한 아침 제사

綠茶 녹차
푸른빛이 그대로 나도록 말린 찻잎, 또는 그것을 끓인 차

恒茶飯事 항다반사
늘 있는 일

++ + 洛(락)

落 | 락
떨어질
획수: **13** 부수: ++

>>> 형성문자

落膽 낙담
뜻대로 되지 않거나 실패하여 기운이 풀림

落島 낙도
육지에서 멀리 떨어져 있는 섬

落選 낙선
선거에서 떨어짐

落第 낙제
성적이 나빠서 진학, 진급을 못함

落後 낙후

경제, 문화 등이 어떤 기준에 뒤떨어짐

村落 촌락

시골의 동네. 마을

02-184
한자자격시험 3~4급

莫 | 막, 모

없을, 저물

획수: **11** 부수: **艹**

>>> 회의문자

艸[초원] + 日[해] (→ 초원에 해가 짐의 뜻)

莫强 막강

더할 나위 없이 강함

莫大 막대

더할 수 없이 큼

莫上莫下 막상막하

낫지도 않고 못하지도 않음
'서로 優劣(우열)을 가리기 어려움'의 뜻. 難兄難弟(난형난제)

莫甚 막심

더없이 심함, 매우 심함

莫逆 막역

뜻이 맞아 허물이 없음

莫重 막중

아주 귀중함, 중요함

02-185
한자자격시험 3~4급

茂 | 무
무성할
획수: **9** 부수: ⺿

>>> 형성문자

⺿ + 戊(무)

茂盛 무성
풀이나 나무가 우거짐

02-186
한자자격시험 3~4급

薄 | 박
얇을
획수: **17** 부수: ⺿

>>> 형성문자

⺿ + 溥(박)

薄待 박대
성의 없이 대접함
푸대접. 薄遇(박우)

薄德 박덕
덕이 적음

薄命 박명
❶ 운명이 기구함, 不運(불운)
❷ 목숨이 짧음

薄福 박복
복이 적거나 없음

輕薄 경박
언행이 경솔하고 천박함

野薄 야박
야멸차고 인정이 없음

02-187
한자자격시험 3~4급

芳 | 방

꽃다울

획수: **8** 부수: 艹

>>> 형성문자

艹 + 方(방)

芳年 방년

20세 전후의 꽃다운 나이. 妙齡(묘령)

芳香 방향

좋은 향기

流芳百世 유방백세

꽃다운 이름을 후세에 길이 전함

02-188
한자자격시험 3~4급

蔬 | 소

나물

획수: **15** 부수: 艹

>>> 형성문자

艹 + 疏(소)

蔬飯 소반

고기나 생선 따위의 반찬이 없는 밥
'변변치 못한 밥'의 뜻. 素食(소식)

02-189
한자자격시험 3~4급

若 | 약, 야

같을, 땅이름

획수: **9** 부수: 艹

>>> 회의문자

艹 + 右[오른손]

萬若 만약

어쩌다가. 萬一(만일)

02-190
한자격시험 3~4급

葉 | 엽, 섭
입, 섭

획수: **13** 부수: ⺿

>>> 형성문자

⺿ + 葉(엽)

葉書 엽서
우편 용지 규격의 하나

金枝玉葉 금지옥엽
금 같은 가지와 옥 같은 잎
'임금의 자손', 또는 '귀여운 자손'의 비유

落葉 낙엽
나뭇잎이 떨어짐 또는 떨어진 나뭇잎

枝葉 지엽
❶ 가지와 잎사귀
❷ 본체에서 갈라져 나간 중요하지 않은 부분

初葉 초엽
어떠한 시대의 초기

02-191
한자격시험 3~4급

蓮 | 련
연

획수: **15** 부수: ⺿

>>> 형성문자

⺿ + 連(련)

蓮根 연근
연의 땅속뿌리

蓮花 연화
연꽃

127

02-192
한자자격시험 3~4급

藝 | 예

재주

획수: **19** 부수: ⊹

>>> 회의문자

藝能 예능

❶ 재주와 기능

❷ 연극, 영화, 무용 등의 총칭

藝術 예술

美(미)를 창조하고 표현하는 인간의 활동

曲藝 곡예

줄타기, 요술, 곡마 따위의 신기한 재주를 부리는 연예

文藝 문예

학문과 예술

02-193
한자자격시험 3~4급

著 | 저, 착

나타날, 붙을

획수: **13** 부수: ⊹

>>> 형성문자

著名 저명

이름이 세상에 높이 드러남. 유명함

著書 저서

책을 지음, 또는 그 책

著述 저술

책을 씀. 著作(저작)

著者 저자

책을 지은 사람

共著 공저

한 가지 저술을 두 사람 이상이 함께 지음

顯著 현저

드러난 것이 두드러져 분명함

02-194

菜 | 채

나물

획수: **12** 부수: ⼃⼃

>>> 형성문자

⼃⼃ + 采(채)

菜食 채식

채소로 된 반찬만 먹음

菜蔬 채소

남새. 푸성귀

生菜 생채

익히지 않은 나물

野菜 야채

밭에 가꾸어 먹는 푸성귀. 蔬菜(소채)

02-195

華 | 화

빛날

획수: **12** 부수: ⼃⼃

>>> 회의문자

⼃⼃ + 乑[늘어짐] (→ 꽃이 늘어져 있는 모양)

華麗 화려

빛나고 아름다움

華燭 화촉

❶ 화려한 촛불
❷ '婚禮(혼례)'를 이름

榮華 영화

귀하게 되어서 몸이 세상에 드러나고 이름이 빛남

中華 중화

중국인들이 주변 민족에 대하여 자기 민족을 자랑삼아 이르던 말

豪華 호화

사치스럽고 화려함

02-196
한자격시험 5~8급

苦 | 고

괴로울

획수: **9** 부수: ⺿

>>> 형성문자

⺿ + 古(고)

苦難 고난 / **苦杯** 고배 / **苦心** 고심 /
苦盡甘來 고진감래 / **苦痛** 고통 / **勞苦** 노고

02-197
한자격시험 5~8급

萬 | 만

일만

획수: **13** 부수: ⺿

>>> 상형문자

전갈의 상형. 음을 차용하여 수(數)의 이름으로 쓰임

萬感 만감 / **萬古** 만고 / **萬能** 만능 / **萬邦** 만방 /
萬事 만사 / **萬壽無疆** 만수무강

02-198
한자격시험 5~8급

藥 | 약

약

획수: **19** 부수: ⺿

>>> 형성문자

⺿ + 樂 (→ 樂의 전음이 음을 나타냄)

藥局 약국 / **藥材** 약재 / **藥效** 약효 / **劇藥** 극약 /
靈藥 영약 / **投藥** 투약

국어 실력으로 이어지는 수(秀) 한자: 3-4급 상

02-199
한자자격시험 5~8급

英 | 영
꽃
획수: **19** 부수: **艹**

>>> 형성문자

艹 + 央(앙) (→ 央의 전음이 음을 나타냄)

英靈 영령 / 英雄 영웅 / 英才 영재 / 英特 영특 /
育英 육영

02-200
한자자격시험 5~8급

草 | 초
풀
획수: **10** 부수: **艹**

>>> 형성문자

艹 + 早(조) (→ 早의 전음이 음을 나타냄)

草家 초가 / 草芥 초개 / 草稿 초고 / 草案 초안 /
起草 기초 / 伐草 벌초

02-201
한자자격시험 5~8급

花 | 화
꽃
획수: **8** 부수: **艹**

>>> 형성문자

艹 + 化(화)

花壇 화단 / 花無十日紅 화무십일홍 / 花盆 화분
/ 花燭 화촉 / 開花 개화 / 生花 생화

麥

보리 **맥**

보리를 표현한 글자이다.

02-202
한자자격시험 3~4급

麥 | 맥

보리

획수: **11** 부수: **麥**

>>> 회의문자

來[보리의 모양] + 夂[발]

麥飯 맥반

보리밥

麥秀之嘆 맥수지탄

보리가 자람을 보고 하는 탄식
'이미 망해 버린 故國(고국)에 대한 한탄'을 이름

麥芽 맥아

❶ 보리 싹
❷ 엿기름

麥酒 맥주

보리의 엿기름 즙에 홉(hop)을 섞어 발효시켜 만든 술

大麥 대맥

보리

小麥 소맥

밀

041

麻

삼 마

껍질이 벗겨진 두 그루의 삼이 집안에 있는 모양을 표현한 글자이다.

02-203
한자자격시험 3~4급

麻 | 마
삼
획수: **11** 부수: **麻**

>>> 회의문자

广[집] + 朮[껍질을 벗긴 삼] (→ 집안에서 삼 껍질을 벗긴다는 뜻)

麻袋 마대
굵은 삼실로 짠 포대

大麻 대마
삼

043

乙

새 을

초목(草木)이 굽어서 나는 모양을 표현한 글자이다.

02-205
한자자격시험 3~4급

乾 | 건
하늘, 마를
획수: **11** 부수: **乙**

>>> 형성문자

乙 + 倝(간) (→ 倝의 전음이 음을 나타냄)

乾坤一擲 건곤일척

하늘과 땅을 단 한 번에 내던짐
'운명을 걸고 온 힘을 다하여 마지막 승부를 겨룸'을 이름

乾卦 건괘

팔괘의 하나
하늘, 임금, 아버지 등을 상징함

乾杯 건배

술 좌석에서 상대편의 건강이나 행운을 빌고 술잔을 비우
는 일

乾性 건성

건조한 성질

乾燥 건조

말라서 습기가 없음

龠[엉클어진 실을 풀고 있는 모양] + 乙[풀어 정리함]

亂局 난국
어지러운 판국

亂立 난립
어지럽게 늘어섬

亂世 난세
어지러운 세상

亂暴 난폭
행동이 거칠고 사나움

戰亂 전란
전쟁으로 말미암은 어지러운 현상

避亂 피란
난리를 피함

뱀의 상형. 음을 빌어 어조사로 사용

어머니가 아이를 품에 안고 젖을 먹이는 모습

乳母 유모
어머니 대신 젖을 먹여 길러 주는 여자. 젖어머니

乳房 유방
젖. 젖퉁이

제2장 식물 관련 부수

135

乳兒 유아

젖먹이. 嬰兒(영아)

粉乳 분유

가루우유

牛乳 우유

소의 젖

<table>
<tr><td>

02-209
한자자격시험 3~4급

乙 | 을

새

획수: **1** 부수: **乙**

>>> 상형문자

</td><td>

이른 봄에 초목의 싹이 트려할 때, 추위 때문에 웅크리고 있는 모양

乙時 을시

이십사시의 여덟째 시

甲男乙女 갑남을녀

갑이라는 남자와 을이라는 남자
'평범한 보통 사람'을 이름

</td></tr>
<tr><td>

02-210
한자자격시험 5~8급

九 | 구

아홉

획수: **2** 부수: **乙**

>>> 지사문자

</td><td>

丿와 굽은 선으로 한자리 숫자의 최대수를 나타냄

九死一生 구사일생 / **九牛一毛** 구우일모 /
九泉 구천

</td></tr>
</table>

044

氏

성씨 **씨**

나무의 뿌리를 그린 것으로, 파생되어 한 혈통에서 나온 종족과 관련하여 그 뜻이 성씨가 된 것으로 보인다.

02-211
한자자격시험 3~4급

氏 | 씨
성씨
획수: **4** 부수: **氏**

>>> 상형문자

氏族 씨족
같은 조상에서 나온 겨레붙이

伏羲氏 복희씨
八卦(팔괘)와 문자를 만들었다는, 중국 상고 시대의 제왕

姓氏 성씨
'姓(성)'의 높임말

02-212
한자자격시험 5~8급

民 | 민
백성
획수: **5** 부수: **氏**

>>> 상형문자

한쪽 눈을 바늘로 찌른 형상을 본떠, 노예, 피지배 민족을 뜻함. 파생되어 '백성'의 뜻을 나타냄

民間 민간 / **民譚** 민담 / **民心** 민심 / **民衆** 민중 / **僑民** 교민 / **庶民** 서민

조각 **편**

나무의 한가운데를 세로로 잘랐을 때에 그 오른쪽 반조각을 표현한 글자이다.

02-213
한자자격시험 3~4급

版 | 판
판목
획수: **8** 부수: **片**

>>> 형성문자

片 + 反(반) (→ 反의 전음이 음을 나타냄)

板權 판권
일정한 출판물에 대하여 그 출판에 관계되는 권리

版圖 판도
❶ 호적과 지도
❷ 한 국가의 영토
❸ 세력이 미치는 범위

初版 초판
서적의 간본 중에 최초로 인쇄하여 발행한 판

出版 출판
책, 그림 따위를 인쇄하여 세상에 내놓음. 出刊(출간)

片 | 편

조각

획수: **4** 부수: 片

>>> 상형문자

片道 편도

오거나 가는 길 가운데 어느 한 쪽

片紙 편지

❶ 한 조각의 종이

❷ 書信(서신)

斷片 단편

❶ 여럿으로 떨어지거나 쪼개진 조각

❷ 전체의 한 부분

一片丹心 일편단심

한 조각의 붉은 마음

'변치 않는 참된 마음'을 이름

破片 파편

깨어져 부서진 조각

047

生

날 생

땅위로 초목의 싹이 움터나는 모습을 표현한 글자이다.

02-215
한자자격시험 3~4급

産 | 산

낳을

획수: **11** 부수: **生**

>>> 형성문자

生 + 彦(언) (→ 彦의 생략형의 전음이 음을 나타냄)

産苦 산고
아이를 낳는 고통

産室 산실
❶ 아기를 낳는 방
❷ 어떤 일을 꾸미거나 이루어 내는 곳

産婆 산파
해산 때 아이를 받고 산모를 돌보는 일을 하는 여자

財産 재산
개인이나 단체가 소유한 경제적 가치가 있는 것의 총체

破産 파산
재산을 모두 날려 버림

生 | 생
날
획수: **5** 부수: **生**

>>> 상형문자

生面不知 생면부지

이전에 만난 적이 없어 전혀 모르는 사람

生命 생명

목숨

生産 생산

❶ 아이를 낳음. 出産(출산)
❷ 자연물에 인력을 가하여 재화를 만들어 내는 일

生存 생존

살아서 생명을 유지함

生活 생활

❶ 살아서 활동함
❷ 살림을 꾸려 나감

出生 출생

태어남

靑

푸를 청

땅위로 싹이 움터나는 풀과 우물이 서로 어우러진 모습을 표현한 글자이다.

02-217
한자자격시험 3~4급

靜 | 정
고요할
획수: **16** 부수: **靑**

>>> 형성문자

靑 + 爭(쟁) (→ 爭의 전음이 음을 나타냄)

靜脈 정맥
피를 심장으로 보내는 血管(혈관)

靜物 정물
멈춰 움직이지 않는 물건

靜肅 정숙
고요하고 엄숙함

靜寂 정적
쓸쓸할 정도로 고요함

動靜 동정
❶ 움직임과 조용함
❷ 사물의 변화, 또는 그 상황

鎭靜 진정
흥분, 아픔을 가라앉힘

靑 | 청

푸를

획수: **8** 부수: **靑**

>>> 회의문자

生[날 생] + 井[우물 정] (→ 우물 주변에 돋아난 풀을 뜻함)

靑年 청년 / **靑山流水** 청산유수 / **靑雲** 청운 /
靑瓷 청자 / **靑天霹靂** 청천벽력 / **靑春** 청춘

049

향기 **향**

곡물과 그릇이 어우러진 모습을 표현한 글자이다.

02-219
한자자격시험 3~4급

香 | 향
향기
획수: **9** 부수: **香**

>>> 회의문자

黍[기장] + 甘[달 감] (→ 기장을 삶을 때의 향기로움의 뜻)

香氣 향기
꽃, 향 등에서 나는 기분 좋은 냄새

香料 향료
향을 만드는 재료

香水 향수
향이 나는 액체 화장품

芳香 방향
좋은 향기

050

齊

가지런할 제

사람이 길러서 가지런히 자란 곡물을 표현한 글자이다.

02-220
한자격시험 3~4급

齊 | 제, 재

가지런할
/ 상복, 재계할
획수: **14** 부수: **齊**

>>> 상형문자

곡물의 이삭이 가지런히 돋은 모양을 본뜸

齊家 제가
집안을 잘 다스려 바로잡음

齊唱 제창
여러 사람이 일제히 소리를 내어 부름

整齊 정제
정돈하여 가지런히 함

제3장
사람 관련 부수

전신

사람 **인**  인변

서있는 사람을 옆에서 본 모습을 본 뜬 글자이다.
人자가 다른 글자의 좌측에 사용될 때는 亻의 형태로 쓰이는데 '인변'이라 한다.

39
한자자격시험 3~4급

佳 │ 가
아름다울
획수: **8** 부수: **人**

>>> 형성문자

亻 + 圭(규) (→ 圭의 전음이 음을 나타냄)

佳約 가약

❶ 좋은 언약
❷ 부부가 되기로 한 약속

佳人薄命 가인박명

아름다운 여자는 수명이 짧음
美人薄命(미인박명)

佳作 가작

❶ 잘된 작품. 佳篇(가편)
❷ 당선작에 버금가는 작품

40
한자자격시험 3~4급

假 │ 가
거짓
획수: **11** 부수: **人**

>>> 형성문자

亻 + 叚(하) (→ 叚의 전음이 음을 나타냄)

假令 가령

가정하여 말한다면

假說 가설

편의상 임시로 설정하여 꾸민 學說(학설)

假飾 가식

거짓으로 꾸밈

假裝 가장

❶ 거짓 꾸밈
❷ 가면으로 장식함

假稱 가칭

❶ 임시로 일컬음
❷ 거짓으로 일컬음

價 | 가

값

획수: **15** 부수: **人**

>>> 형성문자

亻 + 賈(가)

價格 가격

화폐로써 나타낸 상품의 교환 가치

價値 가치

값. 값어치

物價 물가

물건 값

時價 시가

그때의 값. 時勢(시세)

定價 정가

정한 값, 또는 값을 매김

評價 평가

사람, 사물의 가치를 판단함

42
한자자격시험 3~4급

介 | 개

끼일

획수: **4** 부수: **人**

>>> 상형문자

사림이 갑옷을 입은 모습을 그린 것이다

介入 개입

어떤 일에 끼어들어 관계함

紹介 소개

❶ 모르는 사이를 서로 알도록 관계를 맺어줌
❷ 잘 알려지지 않은 것을 알게 해 줌

仲介 중개

당사자 사이에 들어 일을 주선함

43
한자자격시험 3~4급

個 | 개

낱

획수: **10** 부수: **人**

>>> 형성문자

亻 + 固(고) (→ 固의 전음이 음을 나타냄)

個別 개별

낱낱이. 따로따로

個性 개성

개인마다 각각 다르게 형성되는 취미, 성격 등의 특성

個人 개인

사회의 구성원으로서의 한사람. 個體(개체)

各個 각개

하나하나. 낱낱. 各其(각기). 各自(각자)

別個 별개

딴 것

44
한자자격시험 3~4급

件 | 건
사건
획수: **6** 부수: **人**

>>> 형성문자

亻 + 牛(우) (→ 牛의 전음이 음을 나타냄)

事件 사건

사회적 관심이나 주목을 끌 만한 일

要件 요건

요긴한 일이나 조건

用件 용건

볼일. 用務(용무)

45
한자자격시험 3~4급

健 | 건
굳셀
획수: **11** 부수: **人**

>>> 형성문자

亻 + 建(건)

健脚 건각

잘 걷거나 달릴 수 있는 튼튼한 다리, 또는 그런 다리를 가진 사람

健康 건강

몸이 아무 탈 없이 정상적이고 튼튼함

健壯 건장

씩씩하고 굳셈

健全 건전

❶ 튼튼하고 穩全(온전)함
❷ 활동, 상태 따위가 건실하고 정상임

151

剛健 강건

기상이나 기개가 꿋꿋하고 굳셈

保健 보건

건강을 지켜 나가는 일

46
한자자격시험 3~4급

傑 | 걸
뛰어날
획수: **12** 부수: **人**

>>> 형성문자

亻 + 桀(걸)

傑作 걸작

매우 뛰어난 작품. 名作(명작)

傑出 걸출

남보다 훨씬 우뚝하게 뛰어남

人傑 인걸

뛰어난 사람

豪傑 호걸

도량이 넓고 지혜와 기개가 있는 사람

47
한자자격시험 3~4급

儉 | 검
검소할
획수: **15** 부수: **人**

>>> 형성문자

亻 + 僉(첨) (→ 僉의 전음이 음을 나타냄)

儉素 검소

사치하지 않고 수수함

儉約 검약

검소하고 절약함

勤儉 근검

부지런하고 검소함

48

한자자격시험 3~4급

傾 | 경
기울
획수: **13** 부수: **人**

>>> 형성문자

亻 + 頃(경)

傾國之色 경국지색

國運(국운)을 기울게 할 미인

'임금이 혹하여 나라가 위태롭게 되어도 모를 만큼 아름다운 미인'을 이름

傾斜 경사

비스듬히 기울어짐, 또는 기울어진 정도

傾注 경주

1)기울여 붓거나 쏟음
2)한 가지 일에 마음을 기울임

傾聽 경청

귀 기울여 들음

傾向 경향

사상, 행동이 일정한 방향으로 기울어지는 일

49

한자자격시험 3~4급

係 | 계
맬
획수: **9** 부수: **人**

>>> 형성문자

亻 + 系(계)

關係 관계

사람과 사람, 사람과 사물 등 둘 이상이 서로 걸리는 일

50

한자자격시험 3~4급

供 | 공
이바지할
획수: **8** 부수: **人**

>>> 형성문자

亻 + 共(공)

供給 공급

물품을 대어 줌

供養 공양

어른이나 부처에게 음식물을 바침

佛供 불공

부처에게 공양하는 일

提供 제공

가져다주어 이바지함

51
한자자격시험 3~4급

企 | 기

꾀할

획수: **6** 부수: **人**

>>> 회의문자

亻 + 止[발돋움] (→ 발돋움하여 멀리 바라보는 뜻에서 '꾀하다'의 의미가 나옴)

企圖 기도

일을 이루기 위하여 計畫(계획)을 세우거나, 그 계획의 실현을 꾀함

企業 기업

❶ 사업을 계획함
❷ 영리 사업을 경영함, 또는 그 조직체

企劃 기획

일을 꾸며 계획함

52
한자자격시험 3~4급

但 | 단

다만

획수: **7** 부수: **人**

>>> 형성문자

亻 + 旦(단)

但只 단지

다만

53

한자자격시험 3~4급

倒 | 도

넘어질, 거꾸로

획수: **10** 부수: **人**

>>> 형성문자

亻 + 到(도)

倒置 도치

순서를 뒤바꾸어 둠

壓倒 압도

❶ 힘, 세력 등이 월등히 남을 능가함

❷ 눌러 넘어뜨림

顚倒 전도

❶ 엎어지고 넘어짐

❷ 거꾸로 뒤바뀜

卒倒 졸도

갑자기 의식을 잃고 쓰러짐

打倒 타도

쳐서 거꾸러뜨림

54

한자자격시험 3~4급

令 | 령

명령할, 하여금

획수: **5** 부수: **人**

>>> 회의문자

亼[집] + 卩[꿇어앉은 사람]

(→ 사람이 꿇어앉아 신의(神意)를 듣는 모양을 나타내어 '명령하다'의 의미가 되었다)

令夫人 영부인

지체 높은 사람의 '아내'를 높여서 일컫는 말

令狀 영장

명령을 적은 문서

假令 가령

예컨대. 假使(가사)

命令 명령

윗사람이 시키는 분부

法令 법령

국가 기관에서 공포하는, 법적 효력을 가진 법규의 총칭

縣令 현령

지난날의 지방 행정 구역인 縣(현)의 우두머리 벼슬

55
한자자격시험 3~4급

例 | 례

법식

획수: **8** 부수: **人**

>>> 형성문자

亻 + 列(렬) (→ 列의 전음이 음을 나타냄)

例事 예사

보통으로 있는 일

例示 예시

예를 들어 보임

例題 예제

연습을 위하여 예로 들어 주는 문장

例證 예증

예를 들어서 증명함

慣例 관례

이전부터 해 내려와서 습관처럼 되어 버린 일

通例 통례

일반적으로 널리 통하는 예. 常例(상례)

56
한자자격시험 3~4급

倫 | 륜
인륜
획수: **10** 부수: **人**

>>> 형성문자

亻 + 侖(륜)

倫理 윤리
사람이 지켜야 할 도리와 규범

人倫 인륜
사람으로서 지켜야 할 떳떳한 도리

天倫 천륜
부자, 형제 사이에 마땅히 지켜야 할 도리

57
한자자격시험 3~4급

倍 | 배
곱
획수: **10** 부수: **人**

>>> 형성문자

亻 + 咅(부) (→ 咅의 전음이 음을 나타냄)

倍加 배가
갑절로 늘어남, 또는 갑절로 늘림

倍率 배율
도형이나 像(상) 따위를 확대하거나 축소할 때의 비율

58
한자자격시험 3~4급

伐 | 벌
칠
획수: **6** 부수: **人**

>>> 회의문자

亻 + 戈[창 과] (→ 창으로 사람의 목을 친다는 의미)

伐木 벌목
나무를 벰

伐採 벌채
나무를 베어 내고 섶을 깎아 냄

伐草 벌초
무덤의 잡풀을 벰

征伐 정벌

군사로써 적군이나 反逆徒(반역도)를 침. 征討(정토)

討伐 토벌

적이나 도둑의 무리를 무력으로써 쳐 없앰

59

한자자격시험 3~4급

保 | 보

지킬

획수: **9** 부수: **人**

>>> 상형문자

사람이 어린 아이를 등에 업고 있는 모습을 그린 것 여기에서 '기르다', '지키다'의 뜻이 나왔다

保守 보수

오랜 습관, 제도, 방법 등을 소중히 여겨 그대로 지킴

保障 보장

잘못되는 일이 없도록 보증함

保全 보전

온전하게 잘 간수하여 그대로 유지함

保證 보증

틀림이 없음을 증명하거나 책임을 짐

擔保 담보

빚을 대신할 수 있는, 신용으로 제공하는 보장

安保 안보

안전하게 보호함

60 한자자격시험 3~4급

伏 | 복
엎드릴
획수: **6** 부수: **人**

>>> 회의문자

人 + 犬 (→ 개가 사람 옆에 '엎드려' 사람의 뜻을 살피는 모양)

伏兵 복병

❶ 적을 갑자기 치기 위하여 요긴한 길목에 숨어 있는 군대
❷ '뜻밖의 장애가 되어 나타난 경쟁 상대'의 비유

伏線 복선

❶ 뒷일에 대비하여 미리 남모르게 베푸는 준비
❷ 소설, 희곡 따위에서 뒤에 일어날 일을 미리 슬쩍 비쳐 두는 서술

屈伏 굴복

굽히어 복종함

三伏 삼복

초복, 중복, 말복의 총칭

降伏 항복

전쟁, 싸움, 경기 등에서 패배를 인정하고 굴복함

61 한자자격시험 3~4급

付 | 부
줄
획수: **5** 부수: **人**

>>> 회의문자

寸[손에 물건을 듦] + 人 (→ 사람에게 물건을 줌의 뜻)

付與 부여

지니게 줌

付託 부탁

무슨 일을 해 달라고 맡기거나 청함

交付 교부

기관에서 문서, 증명서 등을 내어 줌

62

한자자격시험 3~4급

佛 | 불
부처
획수: **7** 부수: **人**

>>> 형성문자

亻 + 弗(불)

佛經 불경
불교의 經文(경문)

佛徒 불도
불교를 믿는 사람

佛像 불상
부처의 모습을 나타낸 조각이나 그림

佛陀 불타
범어 'Buddha'의 音譯(음역)
불교의 敎祖(교조)인 부처. 浮屠(부도)

念佛 염불
부처의 공덕을 생각하면서 부처의 이름을 외는 일

한자자격시험 3~4급

備 | 비
갖출
획수: **12** 부수: **人**

>>> 형성문자

亻 + 葡(비)

備忘錄 비망록
잊지 않기 위하여 적어 두는 기록

備蓄 비축
만일의 경우에 대비하여 미리 모아 둠

對備 대비
무엇에 對應(대응)할 준비를 함

防備 방비
적의 침공이나 재해 등을 막을 준비를 함, 또는 그 준비

守備 수비

지키어 막음

裝備 장비

장치와 설비 등을 갖추어 지킴, 또는 그 장치나 비품

64

한자자격시험 3~4급

仕 | 사

벼슬

획수: **5** 부수: **人**

>>> 회의겸 형성문자

亻 + 士[선비 사] (→ 人과 士 모두 의미부분인데 士는 발음도 담당한다)

奉仕 봉사

나라나 사회 또는 남을 위하여 자신의 몸과 마음을 바쳐 일함

出仕 출사

벼슬길에 나감

65

한자자격시험 3~4급

使 | 사

하여금

획수: **8** 부수: **人**

>>> 회의문자

亻 + 吏[관리 리] (→ 명을 받아 일을 처리하는 사람의 뜻)

使命 사명

지워진 임무

使臣 사신

임금의 명을 받아 외국에 가는 신하

使嗾 사주

부추겨 나쁜 일을 시킴

勞使 노사

노동자와 사용자

密使 밀사

비밀히 보내는 사자

特使 특사

특별한 임무를 띠고 파견된 사절

亻 + 𥏙(상)

傷心 상심

마음 아파함. 애태움

傷處 상처

다친 자리

傷害 상해

남의 몸에 상처를 내어 해를 입힘

負傷 부상

몸에 상처를 입음

外傷 외상

몸의 겉에 생긴 상처

重傷 중상

몹시 다침, 또는 그런 傷處(상처)

67
한자자격시험 3~4급

像 | 상
형상
획수: **14** 부수: **人**

>>> 형성문자

亻 + 象(상)

像形 상형
어떤 물건의 모양을 본떠서 비슷하게 만듦, 또는 그 모양

想像 상상
머릿속으로 그려 생각함

偶像 우상
❶ 나무, 돌 등으로 만든 사람이나 신의 형상
❷ 맹목적인 인기나 추종, 존경의 대상

肖像 초상
그림 따위에 나타난 어떤 사람의 얼굴이나 모습

68
한자자격시험 3~4급

償 | 상
갚을
획수: **17** 부수: **人**

>>> 형성문자

亻 + 賞(상)

償還 상환
❶ 다른 것으로 대신해서 돌려줌
❷ 빚을 갚음

無償 무상
❶ 한 일에 대하여 보상이 없음
❷ 대가를 받지 않음

賠償 배상
끼친 손해를 물어 줌

辨償 변상
❶ 빚을 갚음
❷ 남에게 입힌 損害(손해)를 돈, 물건 따위로 물어 줌

補償 보상

끼친 손해를 金錢(금전)으로 갚음

仆 + 山(산) (→ 山의 전음이 음을 나타냄)

仙境 선경

❶ 신선이 산다고 하는 곳

　仙界(선계). 仙鄕(선향)

❷ 경치가 썩 좋고 그윽한 곳

仙女 선녀

仙境(선경)에 산다는 아름다운 여자

仙藥 선약

❶ 먹으면 신선이 된다는 영약

❷ 효험이 신비한 약

　丹藥(단약). 仙丹(선단)

仙風道骨 선풍도골

신선의 풍모와 道士(도사)의 骨格(골격)

'남달리 뛰어난 風采(풍채)'를 이름

詩仙 시선

시문에 뛰어난 사람이라는 뜻으로, 唐(당)나라의 시인 '李伯(이백)'을 이름

神仙 신선

인간 세계를 떠나서 늙지 않고 고통이나 질병 없이 산다는 상상의 사람. 仙人(선인)

70

한자자격시험 3~4급

俗 | 속

풍속

획수: **9** 부수: **人**

>>> 형성문자

亻 + 谷(곡) (→ 谷의 전음이 음을 나타냄)

俗談 속담

민중의 지혜가 응축되어 널리 口傳(구전)되는 格言(격언)
俗諺(속언). 俚諺(이언)

俗世 속세

俗人(속인)들이 사는 일반의 사회. 世間(세간)

俗語 속어

통속적으로 쓰이는 저속한 말

世俗 세속

세상 또는 세상의 풍속

風俗 풍속

전통적으로 지켜져 오는 생활상의 사회적 관습

71

한자자격시험 3~4급

修 | 수

닦을

획수: **10** 부수: **人**

>>> 형성문자

彡[터럭 삼] + 攸(유) (→ 攸의 전음이 음을 나타냄)

修道 수도

도를 닦음

修鍊 수련

닦아서 단련함

修繕 수선

낡은 물건을 고침

修學 수학

학업을 닦음

補修 보수

상하거나 부서진 부분을 손질하여 고침

履修 이수

학문의 과정을 순서를 밟아 닦음

亻 + 卬(앙) (→ 卬은 고개를 쳐다본다는 의미)

仰望 앙망

우러러 바람

信仰 신앙

종교를 믿고 받듦

亻 + 意 (→ 意의 전음이 음을 나타냄)

億劫 억겁

무한히 긴 오랜 시간

億萬長者 억만장자

셀 수 없을 정도로 많은 재산을 가진 부자

億兆蒼生 억조창생

수많은 백성, 또는 온 세상 사람

국어 실력으로 이어지는 수(秀) 한자: 3-4급 상

74

한자자격시험 3~4급

余 ｜ 여

나

획수: **7**　부수: **人**

>>> 상형문자

원시시대의 지상주택을 그린 상형자. 전용하여 '나'의 뜻으로 쓰인다

余等 여등

우리들. 余輩(여배)

75

한자자격시험 3~4급

優 ｜ 우

넉넉할

획수: **17**　부수: **人**

>>> 형성문자

亻 + 憂(우)

優待 우대

넉넉히 잘 대우함

優良 우량

여럿 가운데서 뛰어나게 좋음

優秀 우수

여럿 가운데서 특별히 뛰어남

優劣 우열

우수함과 열등함

優越 우월

남보다 뛰어나게 나음

優柔不斷 우유부단

줏대 없이 어물거리기만 하고 딱 잘라 결단을 내리지 못함

전신

167

偉 | 위
위대할
획수: **11** 부수: **人**

>>> 형성문자

亻 + 韋(위)

偉大 위대
뛰어나고 훌륭함

偉業 위업
위대한 사업이나 업적

偉人 위인
훌륭한 사람

儒 | 유
선비
획수: **16** 부수: **人**

>>> 형성문자

亻 + 需(수) (→ 需의 전음이 음을 나타냄)

儒家 유가
유교를 신봉하고 연구하는 학자나 학파

儒敎 유교
공자를 始祖(시조)로 하고 仁義(인의)를 근본으로 하는 儒
學(유학)의 가르침

儒林 유림
유교 또는 유학을 신봉, 연구하는 학자들

儒學 유학
유교의 학문

78 한자격시험 3~4급

依 | 의

의지할

획수: **8** 부수: **人**

>>> 형성문자

イ + 衣(의)

依據 의거
일정한 사실에 근거함

依然 의연
전과 다름없음

依存 의존
남에게 의지하여 있음

依支 의지
다른 것에 몸을 기댐

依託 의탁
남에게 의뢰하여 부탁함

歸依 귀의
❶ 돌아가 몸을 의지함
❷ 신이나 부처의 가르침을 믿고 의지함

79 한자격시험 3~4급

儀 | 의

거동

획수: **15** 부수: **人**

>>> 형성문자

イ + 義(의)

儀禮 의례
형식을 갖춘 예의

儀式 의식
의례를 갖추어 베푸는 행사
式典(식전). 儀典(의전)

儀仗 의장
지난날 의식에 쓰던 무기나 日傘(일산), 旗(기) 따위

儀表 의표

❶ 모범, 본보기

❷ 몸을 가지는 태도. 儀容(의용)

賻儀 부의

초상난 집에 扶助(부조)로 보내는 돈이나 물건

禮儀 예의

사회생활에서 사람이 지켜야 할 예절

원래 쟁기를 본뜬 모양이었으나 전하여 '쓰다'의 뜻을
나타냄

以來 이래

지나간 일정한 때로부터 지금까지

以實直告 이실직고

사실을 바로고함

以心傳心 이심전심

말을 통하지 않고 마음에서 마음으로 서로 뜻을 전함

心心相印(심심상인)

以熱治熱 이열치열

열로써 열을 다스림

'힘에는 힘으로, 강한 것에는 강한 것으로 상대함'을 이름

81

한자자격시험 3~4급

仁 | 인

어질

획수: **4** 부수: **人**

>>> 회의문자

亻 + 二[둘] (→ 두 사람이 친하게 지낸다는 뜻에서 '어질다'의 의미로 쓰임)

仁術 인술

사람을 살리는 어진 기술. 곧, 醫術(의술)

仁義 인의

어진 것과 의로운 것

仁慈 인자

어질고 자애로움

仁者無敵 인자무적

어진 사람에게는 적이 없음

仁者樂山 인자요산

어진 사람의 행동은 신중하기가 산과 같아서 산을 좋아함

82

한자자격시험 3~4급

任 | 임

맡길

획수: **6** 부수: **人**

>>> 형성문자

亻 + 壬(임)

任期 임기

일정한 책임을 맡아보는 기간

任命 임명

職務(직무)를 맡김

任務 임무

맡은 일

放任 방임

간섭하지 않고 멋대로 하도록 내버려 둠

重任 중임

❶ 중대한 임무

❷ 먼저 일하던 자리에 거듭 임용함

責任 책임

맡아서 해야 할 일

人 + 氐(저)

低價 저가

낮은 값. 廉價(염가)

低廉 저렴

값이 낮음. 쌈

低俗 저속

품격이 낮고 속됨

低調 저조

활기가 없이 침체함

高低 고저

높고 낮음

最低 최저

가장 낮음

84

한자격시험 3~4급

傳 | 전
전할, 전기
획수: **13** 부수: **人**

>>> 형성문자

人 + 專(전)

傳記 전기

한 개인의 일생의 事蹟(사적)을 적은 기록

傳受 전수

전하여 받음

傳承 전승

대대로 전하여 내려옴

傳統 전통

예로부터 내려오는 사상, 관습 등의 양식과 그것의 핵심 정신

經傳 경전

經書(경서)와 그 경서를 注解(주해)한 글

列傳 열전

많은 사람의 傳記(전기)를 차례로 벌여 적은 책

전신

85

한자격시험 3~4급

停 | 정
머무를
획수: **11** 부수: **人**

>>> 형성문자

亻 + 亭(정)

停年 정년

퇴직하도록 정해진 나이

停戰 정전

전쟁 중인 두 편이 한때 전투 행위를 중지함

停止 정지

중도에서 멈추거나 그침

停滯 정체

한곳에 머물러 막힘

調停 조정

분쟁이 해결되지 않을 때, 제삼자가 당사자 사이에 들어서
화해시킴

俊 | 준

준걸

획수: **9** 부수: **人**

>>> 형성문자

イ + 夋(준)

俊傑 준걸

재주와 지혜가 뛰어남, 또는 그런 사람

俊秀 준수

재주, 슬기, 풍채 등이 남달리 빼어남

借 | 차

빌릴

획수: **10** 부수: **人**

>>> 형성문자

イ + 昔(석) (→ 昔의 전음이 음을 나타냄)

借款 차관

국제간에 자금을 빌려 쓰고 빌려 줌

借名 차명

남의 이름을 빌려 씀

借用 차용

물건이나 돈을 빌려 씀

借入 차입

돈이나 물건을 빌림

假借 가차

六書(육서)의 하나로, 어떤 뜻을 나타내는 한자가 없을 때
음이 같은 다른 글자를 빌려 쓰는 방법

국어 실력으로 이어지는 수(秀) 한자: 3-4급 상

賃借 임차

삯을 내고 물건을 빌림

88
한자자격시험 3~4급

倉 | 창
곳집
획수: **10** 부수: **人**

>>> 상형문자

창고의 모양을 본뜸

倉庫 창고

물자를 저장, 보관하기 위한 건물

穀倉 곡창

❶ 곡식을 쌓아 두는 창고
❷ 곡식이 많이 나는 곳. 穀鄕(곡향)

船倉 선창

배의 짐을 싣는 칸

89
한자자격시험 3~4급

債 | 채
집
획수: **13** 부수: **人**

>>> 형성문자

亻 + 責(책) (→ 責의 전음이 음을 나타냄)

債券 채권

국가, 지방 자치 단체, 은행, 회사 등이 필요한 자금을 빌릴 경우에 발행하는 유가 증권

債權 채권

빌려 준 쪽이 빌린 쪽에 대해 가지는 권리

債務 채무

빌린 것을 도로 갚아야 하는 의무

負債 부채

빚을 짐, 또는 그 빚

私債 사채

개인 사이에 지는 빚

90

한자자격시험 3~4급

側 | 측

곁

획수: **11** 부수: **人**

>>> 형성문자

イ + 則(측)

側近 측근

곁. 가까운 곳

側面 측면

옆면

反側 반측

잠을 이루지 못하고 몸을 뒤척거림

兩側 양측

❶ 두 편
❷ 양쪽

91

한자자격시험 3~4급

値 | 치

값

획수: **10** 부수: **人**

>>> 형성문자

人 + 直(직) (→ 直의 전음이 음을 나타냄)

價値 가치

값. 값어치

數値 수치

계산하여 얻은 수의 값

국어 실력으로 이어지는 수(秀) 한자: 3-4급 상

92

한자자격시험 3~4급

侵 | 침

침노할

획수: **9** 부수: **人**

>>> 회의문자

亻 + 又[손] + 帚[빗자루 추]

(→ 사람이 손에 빗자루를 들고 '청소하다'의 뜻. 전하여 침노함의 뜻이 되었다)

侵攻 침공

남의 나라를 침범하여 공격함

侵略 침략

남의 나라를 침범하여 공격함

侵犯 침범

남의 권리, 영토 따위를 침노하여 범함

侵入 침입

침범하여 들어오거나 들어감

侵害 침해

침범하여 해를 끼침

外侵 외침

외부로부터의 침입

93

한자자격시험 3~4급

他 | 타

다를

획수: **5** 부수: **人**

>>> 형성문자

亻 + 它(타) (→ 它의 변한 모양인 也가 음을 나타냄)

他界 타계

❶ 다른 세계. 저승

❷ '사람의 죽음'을 이름

他山之石 타산지석

다른 산의 돌

'자기에게 도움이 될 만한 남의 의견이나 반대'를 이름

他殺 타살

남이 죽임, 또는 그 죽음

他律 타율

❶ 다른 규율

❷ 남의 명령, 구속에 따라 행동하는 일

他意 타의

❶ 다른 생각

❷ 다른 사람의 뜻

排他 배타

다른 사람이나 다른 생각 따위를 배척함

94
한자자격시험 3~4급

何 | 하

어찌

획수: **7** 부수: **人**

>>> 형성문자

亻 + 可(가) (→ 可의 전음이 음을 나타냄)

何等 하등

아무런. 조금도. 아무

何必 하필

어찌하여 반드시. 어째서 꼭

幾何 기하

얼마

95
한자자격시험 3~4급

候 | 후

철

획수: **10** 부수: **人**

>>> 형성문자

亻 + 侯(후)

候補 후보

장차 어떤 신분, 지위에 오를 자격을 갖추고 있음, 또는 그 사람

국어 실력으로 이어지는 수(秀) 한자: 3-4급 상

氣候 기후

기상 상태. 날씨

徵候 징후

어떤 일이 일어날 조짐. 徵兆(징조)

96
한자자격시험 5~8급

今 | 금
이제
획수: **4** 부수: **人**

>>> 지사문자

어떤 것을 덮어싸서 포함하는 모양을 나타내며 가차하여 '지금'의 뜻으로 쓰인다

今年 금년 / **今始初聞** 금시초문 / **今日** 금일 /
昨今 작금

97
한자자격시험 5~8급

代 | 대
대신할
획수: **5** 부수: **人**

>>> 형성문자

亻 + 弋(익) (→ 弋의 전음이 음을 나타냄)

代辨 대변 / **代案** 대안 / **代行** 대행 / **時代** 시대 /
世代 세대 / **現代** 현대

98
한자자격시험 5~8급

來 | 래
올
획수: **8** 부수: **人**

>>> 상형문자

보리의 모양. 차용하여 '오다'의 뜻으로 쓰임

來年 내년 / **來歷** 내력 / **來訪** 내방 / **傳來** 전래

イ + 立[설 립] (→ 사람이 일정한 자리에 섬을 뜻함)

位階 위계 / **位置** 위치 / **方位** 방위 / **諸位** 제위 /
地位 지위

사람이 서 있는 것을 옆에서 본 모양을 본뜬 글자

人權 인권 / **人面獸心** 인면수심 / **人民** 인민 /
人事不省 인사불성 / **人材** 인재 / **爲人** 위인

イ + 乍(사) (→ 乍의 전음이 음을 나타냄)

作家 작가 / **作曲** 작곡 / **作業** 작업 / **作況** 작황 /
傑作 걸작 / **豐作** 풍작

국어 실력으로 이어지는 수(秀) 한자: 3-4급 상

102
한자자격시험 5~8급

住 | 주
살
획수: **7** 부수: **人**

>>> 형성문자

亻 + 主(주)

住居 주거 / **住所** 주소 / **住宅** 주택 / **安住** 안주 /
移住 이주

103
한자자격시험 5~8급

便 | 편, 변
편할, 오줌
획수: **9** 부수: **人**

>>> 회의문자

亻 + 更[고칠 경] (→ 불편한 곳을 편리하게 고침의 뜻)

便覽 편람 / **便乘** 편승 / **便益** 편익 / **簡便** 간편 /
方便 방편 / **便器** 변기

104
한자자격시험 5~8급

休 | 휴
쉴
획수: **6** 부수: **人**

>>> 회의문자

亻 + 木[나무 목] (→ 사람이 나무 그늘에서 쉰다는 의미)

休暇 휴가 / **休校** 휴교 / **休息** 휴식 / **休戰** 휴전 /
休學 휴학 / **連休** 연휴

큰 대

정면을 향해 사람이 두 팔과 두 다리를 크게 벌리고 있는 모양을 표현한 글자이다.

大자 부수에 속하는 한자의 뜻은 대체로 '크다'와 관련이 있거나 사람 혹은 사람의 일과 관련이 있다.

11
한자자격시험 3~4급

契 | 계

맺을

획수: **9** 부수: **大**

>>> 회의문자

大 + 㓞[부절] (→ 큰 부절의 뜻)

契機 계기
어떤 일이 일어나거나 결정되는 근거나 기회

契約 계약
쌍방이 지켜야 할 의무에 관해 서면이나 구두로 하는 약속
(금)나라에 망함

12
한자자격시험 3~4급

奇 | 기

기이할

획수: **8** 부수: **大**

>>> 형성문자

大 + 可(가) (→ 可의 전음이 음을 나타냄)

奇怪 기괴
이상야릇함

奇想天外 기상천외
보통으로는 짐작할 수 없을 만큼 생각이 기발하고 엉뚱함

奇異 기이
기묘하고 야릇함

奇蹟 기적

사람의 힘으로는 도저히 할 수 없는 신기한 일

神奇 신기

신묘하고 기이함

珍奇 진기

진귀하고 기이함

13
한자자격시험 3~4급

奉 | 봉

받들

획수: **8** 부수: **大**

>>> 형성문자

手[손 수] + 廾[받들 공] + 丰(봉)

(→ 두 손으로 공손히 받들다의 의미)

奉仕 봉사

❶ 남의 뜻을 받들어 섬김
❷ 남을 위하여 일함

奉養 봉양

집안의 어른을 받들어 모시고 섬김

奉獻 봉헌

神佛(신불)이나 존귀한 이에게 물건을 바침

信奉 신봉

믿고 받듦

14
한자자격시험 3~4급

奔 | 분

달아날

획수: **8** 부수: **大**

>>> 형성문자

大 + 卉(훼) (→ 卉의 전음이 음을 나타냄)

奔走 분주

❶ 몹시 바쁨
❷ 바삐 돌아다님

183

狂奔 광분

미쳐 날뜀

東奔西走 동분서주

동으로 달리고 서로 달림

'사방으로 바쁘게 돌아다님'을 이름

15
한자자격시험 3~4급

央 | 앙
가운데
획수: **5** 부수: **大**

>>> 회의문자

大[사람] + 冂 (→ 양쪽 끝에 물건을 매달아 놓은 막대기 가운데에 있는 사람을 본뜸)

中央 중앙

❶ 사방에서 한가운데가 되는 곳
❷ '서울'을 일컫는 말

16
한자자격시험 5~8급

大 | 대
클
획수: **3** 부수: **大**

>>> 상형문자

사람이 팔, 다리를 벌린 모양. 큼을 뜻함

大權 대권 / **大器晚成** 대기만성 / **大膽** 대담 /
大同小異 대동소이 / **大書特筆** 대서특필 /
大勢 대세

17
한자자격시험 5~8급

夫 | 부
사내
획수: **4** 부수: **大**

>>> 회의문자

大에 一을 더해서 관을 쓴 성인을 뜻함

夫君 부군 / **夫婦有別** 부부유별 / **夫人** 부인 /
夫唱婦隨 부창부수 / **農夫** 농부 / **丈夫** 장부

18
한자자격시험 5~8급

失 | 실
잃을
획수: **5** 부수: **大**

>>> 형성문자

手[손] + 乙(을) (→ 乙의 전음이 음을 나타냄)
손에서 물건을 떨어뜨림의 뜻

失格 실격 / **失機** 실기 / **失禮** 실례 / **失言** 실언 /
過失 과실 / **燒失** 소실

19
한자자격시험 5~8급

太 | 태
클
획수: **4** 부수: **大**

>>> 지사문자

본래는 大를 둘 겹친 글자였으나 생략되어 점으로 나
타냄

太古 태고 / **太極** 태극 / **太初** 태초 / **太平** 태평

20
한자자격시험 5~8급

天 | 천
하늘
획수: **4** 부수: **大**

>>> 회의문자

大[사람]의 머리 위에 일선을 그어 사람의 머리위에 있
는 것을 나타냄

天高馬肥 천고마비 / **天方地軸** 천방지축 /
天然 천연 / **天佑神助** 천우신조 /
天災地變 천재지변 / **天井不知** 천정부지 /
天眞爛漫 천진난만 / **天職** 천직

053

女

계집 녀

두 손을 교차하여 무릎에 올려두고 다소곳이 꿇어앉은 여자를 표현한 글자이다.

女자 부수에 속하는 한자는 여자의 신분 또는 여자의 모양새나 역할과 관련된 뜻을 지닌다.

20
한자자격시험 3~4급

姦 | 간
간음할
획수: **9** 부수: **女**

>>> 회의문자

女 셋을 합해서 여자의 악(惡)함을 뜻함

姦淫 간음
부부 아닌 남녀가 성적 관계를 맺음

姦通 간통
배우자가 있는 사람이 배우자 이외의 異性(이성)과 성적 관계를 가지는 일

強姦 강간
강제로 부녀자를 욕보이는 일

21
한자자격시험 3~4급

姑 | 고
시어미
획수: **8** 부수: **女**

>>> 형성문자

女 + 古(고)

姑母 고모
아버지의 누이

姑婦 고부
시어머니와 며느리

姑息 고식

일시적인 임시변통

22
한자자격시험 3~4급

娘 | 낭
각시
획수: **10** 부수: **女**

>>> 형성문자

女 + 良(량) (→ 良의 전음이 음을 나타냄)

娘子 낭자

처녀. 소녀. 아가씨

23
한자자격시험 3~4급

奴 | 노
종
획수: **5** 부수: **女**

>>> 회의문자

女 + 又[손] (→ 일을 하는 여자, 즉 종을 뜻하나 나중에 주로 남자에게 쓰임)

奴婢 노비

사내종과 계집종

奴隸 노예

❶ 종
❷ 자유를 구속당하고 남에게 부림을 받는 사람

官奴 관노

지난 날 官家(관가)에서 부리던 사내종

守錢奴 수전노

돈을 지키는 노예. '돈을 좀처럼 내놓지 않는 인색한 사람'을 이름

24
한자자격시험 3~4급

妄 | 망

망령될

획수: **6** 부수: **女**

>>> 형성문자

女 + 亡(망)

妄發 망발

망령이나 실수로 그릇되게 하는 말이나 행동

妄想 망상

이치에 맞지 않는 망령된 생각. 허황된 생각

妄言 망언

망령된 말

輕妄 경망

언행이 가볍고 방정맞음

妖妄 요망

요사하고 망령됨

虛妄 허망

❶ 거짓되고 망령됨
❷ 어이없고 허무함

25
한자자격시험 3~4급

妹 | 매

손아래누이

획수: **8** 부수: **女**

>>> 형성문자

女 + 未(미) (→ 未의 전음이 음을 나타냄)

妹兄 매형

손위 누이의 남편. 姉兄(자형)

男妹 남매

오라비와 누이. 오누이

26

한자자격시험 3~4급

妙 | 묘

묘할

획수: **7** 부수: **女**

>>> 형성문자

女 + 少(소) (→ 少의 전음이 음을 나타냄)

妙妓 묘기

절묘한 재주나 기술

妙案 묘안

절묘한 方案(방안)

妙策 묘책

매우 절묘한 계책

巧妙 교묘

솜씨나 꾀가 재치 있고 약삭빠름

微妙 미묘

섬세하고 묘함

絶妙 절묘

썩 교묘함

27

한자자격시험 3~4급

妨 | 방

방해할

획수: **7** 부수: **女**

>>> 형성문자

女 + 方(방)

妨害 방해

남의 일에 헤살을 놓아 못하게 함

無妨 무방

지장(支障)이 없음. 괜찮음

婦 | 부
며느리
획수: **11** 부수: **女**

>>> 회의문자

女 + 帚[비] (→ 집안에서 청소하는 여자. 즉, 며느리를 뜻함)

婦人 부인
결혼한 여자

姑婦 고부
시어머니와 며느리

寡婦 과부
남편이 죽어 혼자 사는 여자

夫婦 부부
남편과 아내

新婦 신부
곧 결혼할 여자나 갓 결혼한 여자

如 | 여
같을
획수: **6** 부수: **女**

>>> 형성문자

口[입 구] + 女(녀) (→ 口는 '신에게 빌다'의 뜻. 전하여 조사로 쓰임)

如反掌 여반장
손바닥을 뒤집는 것과 같음. '일이 아주 쉬움'을 이름

缺如 결여
응당 있어야 할 것이 부족하거나 없음

或如 혹여
만일. 혹시

30

한자자격시험 3~4급

委 | 위

맡길, 쌓일

획수: **8** 부수: **女**

>>> 회의문자

女 + 禾[벼 화] (→ 본래 '구부러지다'의 뜻인데 벼가 익어 숙인 모습에서 비롯되었다)

委員 위원

위임받은 자로서 임명되거나 선출된 사람

委任 위임

일, 처리를 남에게 맡김

委託 위탁

맡겨 부탁함

31

한자자격시험 3~4급

威 | 위

위엄

획수: **9** 부수: **女**

>>> 형성문자

女 + 戌(술) (→ 戌의 전음이 음을 나타냄)

威力 위력

❶ 강대한 힘

❷ 남을 복종시키는 힘

威勢 위세

위엄이 있는 기세

威信 위신

위엄과 신의

威嚴 위엄

의젓하고 엄숙함

偉容 위용

위엄 있는 모습

威風堂堂 위풍당당

風采(풍채)가 의젓하고 떳떳함

32 한자자격시험 3~4급

姻 | 인
혼인
획수: **9** 부수: **女**

>>> 형성문자

女 + 因(인)

姻戚 인척
혈연관계가 없으나 혼인으로 맺어진 친족

婚姻 혼인
장가들고 시집감

33 한자자격시험 3~4급

姉 | 자
누이
획수: **8** 부수: **女**

>>> 형성문자

女 + 朿(지) (→ 朿의 전음이 음을 나타냄)

姉妹 자매
여자끼리의 동기. 여형제

34 한자자격시험 3~4급

姿 | 자
맵시
획수: **9** 부수: **女**

>>> 형성문자

女 + 次 (→ 次의 전음이 음을 나타냄)

姿勢 자세
몸을 가지는 모양과 그 태도

姿態 자태
❶ 몸을 가지는 태도와 맵시
❷ 모습 또는 모양

국어 실력으로 이어지는 수(秀) 한자: 3-4급 상

35

한자자격시험 3~4급

姪 | 질

조카

획수: **9** 부수: **女**

>>> 형성문자

女 + 至(지) (→ 至의 전음이 음을 나타냄)

姪女 질녀

조카딸

姪婦 질부

조카며느리

36

한자자격시험 3~4급

妻 | 처

아내, 시집보낼

획수: **8** 부수: **女**

>>> 회의문자

女 + 又[손] + 一

(→ 여자가 손[又]으로 머리에 비녀[一]를 꽂는 모습이다)

妻家 처가

아내의 친정

妻男 처남

아내의 남자 兄弟(형제)

妻子 처자

아내와 자식

妻弟 처제

아내의 여동생

本妻 본처

정식 혼인하여 맞은 아내

嫡室(적실). 正室(정실)

37
한자자격시험 3~4급

妾 | 첩
첩
획수: **8** 부수: **女**

>>> 회의문자

辛[죄] + 女
(→ 옛날에 죄 있는 여자를 종으로 삼음을 일컬음)

愛妾 애첩
사랑하는 첩

38
한자자격시험 3~4급

妥 | 타
온당할
획수: **7** 부수: **女**

>>> 회의문자

爪[손] + 女 (→ 여자를 손으로 눌러 진정시킴의 의미)

妥結 타결
타협하여 좋도록 일을 마무리 지음

妥當 타당
사리에 맞아 마땅함

妥協 타협
두 편이 서로 좋도록 절충하여 협의함

39
한자자격시험 3~4급

好 | 호
좋을, 좋아할
획수: **6** 부수: **女**

>>> 회의문자

女 + 子 (→ 젊은 여자의 아름다움을 나타냄)

好感 호감
좋은 감정. 좋은 인상

好事多魔 호사다마
좋은 일에는 흔히 탈이 끼어들기 쉬움

好衣好食 호의호식
잘 입고 잘 먹음, 또는 그런 생활

好轉 호전

잘 되지 않던 일이 잘 되어 감

嗜好 기호

즐기고 좋아함

友好 우호

국가나 개인 사이가 서로 친하고 좋음

40
한자자격시험 3~4급

婚 | 혼

혼일할

획수: **11** 부수: **女**

>>> 회의문자

女 + 昏[저녁]

(→ 예전에 결혼식은 저녁에 행해졌다고 한다)

婚談 혼담

혼인을 하기 위한 의논

婚禮 혼례

결혼식

婚姻 혼인

장가들고 시집가는 일. 結婚(결혼)

新婚 신혼

갓 혼인함

離婚 이혼

부부가 합의나 재판의 청구에 의해 부부 관계를 끊는 일

再婚 재혼

두 번째 혼인함

| 41 |
| 한자자격시험 5~8급 |
| 女 \| 녀 |
| 계집 |
| 획수: **3** 부수: **女** |
| >>> 상형문자 |

손을 모으고 무릎을 꿇고 있는 여자의 형상

女權 여권 / **女史** 여사 / **女丈夫** 여장부 /
女必從夫 여필종부

| 42 |
| 한자자격시험 5~8급 |
| 姓 \| 성 |
| 성 |
| 획수: **8** 부수: **女** |
| >>> 형성문자 |

女 + 生 (→ 生의 전음이 음을 나타냄)

姓名 성명 / **姓氏** 성씨 / **姓銜** 성함 / **百姓** 백성

| 43 |
| 한자자격시험 5~8급 |
| 始 \| 시 |
| 비로소 |
| 획수: **8** 부수: **女** |
| >>> 형성문자 |

女 + 台(이) (→ 台의 전음이 음을 나타냄)

始動 시동 / **始作** 시작 / **始終一貫** 시종일관 /
始初 시초 / **開始** 개시

국어 실력으로 이어지는 수(秀) 한자: 3-4급 상

054

子

아들 자

큰 머리에 두 팔과 다리가 있는 아이를 표현한 글자이다.
子자 부수에 속하는 한자는 대체로 아이의 행동이나 상태 등과
관계된 뜻을 지닌다.

전신

2
한자자격시험 3~4급

季 | 계

계절
획수: **8** 부수: **子**

>>> 회의문자

禾[벼 화] + 子 (→ '어린 벼'를 뜻한다)

季刊 계간
일 년에 네 번, 철따라 발행하는 출판물

季節 계절
한 해를 날씨에 따라 나눈 그 한 철. 철

四季 사계
봄, 여름, 가을, 겨울의 네 계절
사철. 四時(사시)

夏季 하계
여름철. 夏期(하기)

3
한자자격시험 3~4급

孤 | 고

외로울
획수: **8** 부수: **子**

>>> 형성문자

子 + 瓜(과) (→ 瓜의 전음이 음을 나타냄)

孤軍奮鬪 고군분투
❶ 수가 적고 후원이 없는 외로운 군대가 힘겨운 적과 용
  감하게 싸움
❷ 적은 인원의 힘으로 힘든 일을 억척스레 해냄

孤島 고도

외딴 섬

孤獨 고독

❶ 외로움
❷ 부모 없는 어린이와 자식 없는 늙은이

孤立 고립

외따로 떨어져 있음

孤兒 고아

부모가 없는 아이

孤掌難鳴 고장난명

외손뼉은 울리기 어려움
'혼자서는 일을 이루지 못함'의 비유

4

한자자격시험 3~4급

孔 | 공

구멍

획수: **4** 부수: **子**

>>> 지사문자

子 + ㄴ[유방] (→ 젖이 나오는 구멍의 뜻을 나타냄)

孔孟 공맹

孔子(공자)와 孟子(맹자)

氣孔 기공

❶ 곤충류의 숨구멍
❷ 식물의 잎, 줄기에 나 있는 공기의 통로가 되는 구멍

瞳孔 동공

눈동자

5

한자자격시험 3~4급

孟 | 맹

맏, 맹랑할

획수: **8** 부수: **子**

>>> 형성문자

子 + 皿(명) (→ 皿의 전음이 음을 나타냄)

孟浪 맹랑

❶ 생각한 바와는 달리 허망함

❷ 함부로 만만히 볼 수 없게 깜찍함

孟母三遷 맹모삼천

맹자의 어머니가 세 번 이사함

'아이의 교육에는 환경이 매우 중요함'을 이름

孟仲叔季 맹중숙계

맏이와 둘째와 셋째와 막내

형제자매의 차례

6

한자자격시험 3~4급

存 | 존

있을

획수: **6** 부수: **子**

>>> 형성문자

子 + 才(재) (→ 才의 전음이 음을 나타냄)

存立 존립

망하거나 없어지지 않고 존재함

存亡之秋 존망지추

존속과 멸망이 결정될 아주 위급한 때

存在 존재

현실적으로 있음

存廢 존폐

남겨 두는 일과 없애는 일. 보존과 폐지

保存 보존

상하거나 없어지지 않게 잘 지님

現存 현존

현재에 있음

199

7

한자자격시험 5~8급

孫 | 손

손자

획수: **10** 부수: **子**

>>> 회의문자

子 + 系[이어짐] (→ 아이가 계속 이어진다는 의미)

孫子 손자 / **外孫** 외손 / **子孫** 자손 / **宗孫** 종손 /
後孫 후손

8

한자자격시험 5~8급

子 | 자

아들

획수: **3** 부수: **子**

>>> 상형문자

어린 아이의 머리와 두 팔을 그린 것이다

子孫 자손 / **子時** 자시 / **子息** 자식 /
子子孫孫 자자손손 / **君子** 군자 / **種子** 종자

9

한자자격시험 5~8급

字 | 자

글자

획수: **6** 부수: **子**

>>> 회의문자

宀[집] + 子

字幕 자막 / **字典** 자전 / **字解** 자해 / **點字** 점자 /
活字 활자

10	
한자자격시험 5~8급	
學 | 학	
배울	
획수: **16** 부수: **子**	
>>> 회의문자	

臼[양손] + 宀[집] + 子 + 爻
(→ 아이가 집안에서 손짓, 몸짓 등 예의범절을 배운다는 의미)

學校 학교 / **學問** 학문 / **學術** 학술 / **學者** 학자 /
碩學 석학 / **修學** 수학

11	
한자자격시험 5~8급	
孝 | 효	
효도	
획수: **7** 부수: **子**	
>>> 회의문자	

耂[老의 생략형] + 子
(→ 아들이 노인을 업고 있는 모양에서 부모를 공양함의 의미
를 나타냄)

孝道 효도 / **孝誠** 효성 / **孝悌忠信** 효제충신

글월 **문**

바르게 서있는 사람의 가슴에 갖가지 그림이 그려져 있는 모습을
표현한 글자이다.
오늘날의 글자 대부분이 그림에서 비롯되었다.

文盲 문맹 / **文武** 문무 / **文書** 문서 / **文案** 문안 /
文學 문학 / **作文** 작문

1
한자자격시험 5~8급

文 | 문
글월
획수: **4** 부수: **文**

>>> 상형문자

국어 실력으로 이어지는 수(秀) 한자: 3-4급 상

056

比

견줄 비

오른쪽을 향해 두 사람이 나란히 서서 서로 견주는 모습을 표현한 글자이다.

2
한자자격시험 3~4급

比 | 비

견줄
획수: **4** 부수: **比**

>>> 상형문자

두 사람이 나란히 서 있는 모양

比較 비교
서로 견주어 봄

比例 비례
두 數(수)나 量(양)의 비가 다른 두 수나 양의 비와 같은 일

比率 비율
일정한 量(양)이나 수에 대한 다른 양이나 수의 比(비)

比重 비중
다른 사물과 비교할 때의 중요한 정도

對比 대비
서로 맞대어 비교함

櫛比 즐비
빗살처럼 빽빽하고 가지런히 늘어섬

立

설 **립**

사람이 땅 위에 서있는 모습을 표현한 글자이다.
立자를 부수로 삼는 한자는 대체로 사람이 서 있거나 물체가
세워져 있는 상황과 관련이 있다.

3
한자자격시험 3~4급

競 | 경

다툴
획수: **20** 부수: **立**

>>> 회의문자

兟 [두 사람이 달리기 시합을 하고 있는 모습]

競技 경기
기술의 우열을 겨루는 일

競賣 경매
살 사람이 값을 다투어 부르게 하여, 최고액 신청자에게
파는 일

競選 경선
서로 우열을 겨루어 가림

競爭 경쟁
서로 겨루어 봄

競合 경합
서로 차지하려고 겨룸

4
한자격시험 3~4급

端 | 단
끝
획수: **14** 부수: **立**

>>> 형성문자

立 + 耑(단)

端緒 단서
일의 실마리

端正 단정
얌전하고 바름

極端 극단
❶ 맨 끄트머리
❷ 극도에 달한 막다른 지경

發端 발단
일이 벌어지는 실마리

尖端 첨단
❶ 물건의 뾰족한 끝
❷ 시대의 흐름이나 유행 등의 맨 앞장

5
한자격시험 5~8급

童 | 동
아이
획수: **12** 부수: **立**

>>> 형성문자

辛[문신하는 바늘] + 重(중)
(→ 重의 생략형의 전음이 음을 나타냄. 문신을 당하고 무거운
짐을 짊어진 종의 뜻을 나타내며 전하여 아이의 뜻을 나타냄)

童心 동심 / **童謠** 동요 / **童話** 동화 /
三尺童子 삼척동자 / **兒童** 아동

사람이 땅 위에 서있는 모습

立席 입석 / **立身** 입신 / **獨立** 독립 / **存立** 존립 /
確立 확립

音[음악] + 十 (→ 음악의 일단락의 뜻)

文章 문장 / **印章** 인장 / **憲章** 헌장 / **勳章** 훈장 /
徽章 휘장

058

老 늙을 **로**

耂 늙을로엄

긴 머리털과 허리가 구부러진 늙은 사람을 표현한 글자이다.
老자가 다른 글자에 덧붙여질 때는 耂의 형태로 쓰인다.

2
한자자격시험 3~4급

考 | 고

상고할

획수: **6** 부수: **老**

>>> 형성문자

老의 생략형 + 丂(고) (→ 丂의 전음이 음을 나타냄)

考課 고과
근무 성적을 평가하여 우열을 정함

考慮 고려
생각하여 헤아림

考案 고안
방법, 물건 등을 연구하여 생각해 냄

考證 고증
옛 문헌이나 유물 등을 상고하여 증거를 대어 설명함

考察 고찰
상고하여 살펴봄

參考 참고
❶ 살펴서 생각함
❷ 참조하여 고증함

3

한자자격시험 5~8급

老 | 로

늙을

획수: **6** 부수: **老**

>>> 상형문자

老鍊 노련 / 老少同樂 노소동락 / 老衰 노쇠 /
老婆 노파 / 老患 노환 / 元老 원로

4

한자자격시험 5~8급

者 | 자

놈

획수: **9** 부수: **老**

>>> 상형문자

받침대 위에 나무를 쌓아놓고 불을 때는 모양으로 '익히다'의 뜻을 나타낸다. 가차하여 '놈'의 뜻으로 쓰임

近者 근자 / 亡者 망자 / 識者 식자 / 王者 왕자 /
筆者 필자 / 後者 후자

059

色

빛 색

서있는 사람이 꿇어앉은 사람을 어르는 모습으로, 희비가 얼굴빛으로 드러난 것을 뜻하여 '빛'의 의미가 된 것으로 추정된다.

전신

1
한자자격시험 5~8급

色 | 색
빛
획수: **6** 부수: **色**

>>> 회의문자

勹[사람] + 卩[마디] (→ 사람의 안색의 뜻)

色感 색감 / **色盲** 색맹 / **色彩** 색채 / **氣色** 기색 /
物色 물색 / **好色** 호색

060

見

볼 견

사람[儿]의 모습 위에 강조된 눈[目]을 표현한 글자이다.
見자 부수에 속하는 한자는 일반적으로 '보다'라는 뜻과 관련이
있다.

2
한자자격시험 3~4급

覺 | 각
깨달을
획수: **20** 부수: **見**

>>> 회의문자

學[배울 학]의 생략형 + 見 (→ 보고 배워서 사물의 도리를
깨닫는다는 의미)

覺書 각서
상대편에게 약속하는 내용을 적어주는 문서

覺醒 각성
잘못을 깨달아 정신을 차림

覺悟 각오
❶ 도리를 깨달음
❷ 장래의 일에 대한 마음의 준비

味覺 미각
맛을 느끼는 감각

發覺 발각
숨겨져 있던 사실이 드러남, 또는 드러냄

先覺 선각
남보다 앞서서 도리나 사물을 깨달음, 또는 그러한 사람

3

한자자격시험 3~4급

觀 | 관
볼
획수: **25** 부수: **見**

>>> 형성문자

見 + 雚(관)

觀光 관광
다른 나라나 다른 지방의 문화, 풍경 등을 구경함

觀念 관념
사물, 현상에 대한 생각이나 의견

觀望 관망
되어 가는 형편을 제삼자의 처지에서 바라봄

觀點 관점
사물을 관찰할 때 그 사람이 보는 처지
見地(견지)

觀察 관찰
주의 깊게 살펴봄

參觀 참관
모임이나 행사에 참가하여 지켜봄

4

한자자격시험 3~4급

規 | 규
법
획수: **11** 부수: **見**

>>> 회의문자

夫[훌륭한 사람] + 見
(→ 훌륭한 사람의 견식은 올바르다는 뜻에서 정확하게 원을 그리는 컴퍼스의 뜻이 됨. 파생하여 법의 뜻이 되었다)

規範 규범
꼭 지켜야 할 법칙이나 질서. 模範(모범)

規定 규정
條目(조목)을 나누어 정해 놓은 표준

規制 규제
어떤 규칙을 정하여 제한함, 또는 그 규칙

規則 규칙

누구나 지키기로 約定(약정)한 질서나 표준

法規 법규

'법률의 규정, 규칙, 규범'의 총칭

5
한자자격시험 3~4급

覽 | 람

볼

획수: **21** 부수: **見**

>>> 형성문자

見 + 監(감) (→ 監의 전음이 음을 나타냄)

觀覽 관람

구경함

博覽 박람

❶ 여러 가지 책을 많이 읽음
❷ 여러 곳을 다니며 널리 많은 곳을 봄

閱覽 열람

책 따위를 훑어봄

一覽 일람

한 번 죽 훑어봄

便覽 편람

보기에 편리하도록 간명하게 만든 책

回覽 회람

여러 사람이 차례로 돌아가면서 봄

6 視 | 시

볼

획수: **12** 부수: **見**

>>> 형성문자

見 + 示(시)

視覺 시각
보는 감각 작용

視力 시력
물체의 형태를 분간하는 눈의 능력

視線 시선
눈길이 가는 방향

視察 시찰
돌아다니며 실지 사정을 살펴봄

視聽 시청
눈으로 보고 귀로 들음

注視 주시
눈여겨봄

7 見 | 견, 현

볼, 뵐

획수: **7** 부수: **見**

>>> 상형문자

見利思義 견리사의 / **見聞** 견문 /
見物生心 견물생심 / **見解** 견해 / **意見** 의견 /
謁見 알현

8 親 | 친

친할

획수: **16** 부수: **見**

>>> 형성문자

見 + 亲(신) (→ 亲의 전음이 음을 나타냄)

親近 친근 / **親分** 친분 / **親熟** 친숙 / **親知** 친지 /
兩親 양친 / **切親** 절친

赤

붉을 적

팔과 다리를 크게 벌리고 있는 사람과 타오르는 불을 표현한 글자이다. 불[火]이 타오를 때, 팔과 다리를 벌리고 있는 사람[大]의 얼굴빛이 붉어진데서 그 뜻이 '붉다'가 되었다.

3
한자자격시험 3~4급

赤 | 적

붉을

획수: **7** 부수: **赤**

>>> 회의문자

大 + 火

赤裸裸 적나라

❶ 벌거벗은 몸

❷ 숨김없이 본디 모습대로 다 드러남

赤信號 적신호

❶ 교통의 정지 신호

❷ 위험 신호

赤字 적자

❶ 교정에서 誤植(오식) 등을 바로잡기 위해 적은 붉은색 글자

❷ 수지 결산에서 지출이 수입보다 많은 일

赤潮 적조

플랑크톤의 이상 증식으로 바닷물이 붉게 보이는 현상

走

달아날 주

달아나는 사람의 두 팔과 발을 표현한 글자이다.
走자 부수에 속하는 한자는 일반적으로 달리는 행동과 관련된
뜻을 지닌다.

6
한자자격시험 3~4급

起 | 기
일어날
획수: **10** 부수: **走**

>>> 형성문자

走 + 己(기)

起立 기립
자리에서 일어섬

起兵 기병
군사를 일으킴

起死回生 기사회생
거의 죽을 뻔하다가 다시 살아남

起牀 기상
잠자리에서 일어남. 起寢(기침)

起草 기초
글의 초안을 잡음

惹起 야기
일이나 사건 등을 일으킴

7
한자자격시험 3~4급

走 | 주

달릴

획수: **7** 부수: **走**

>>> 회의문자

大[사람] + 止[발]

走馬加鞭 주마가편

닫는 말에 채찍질함

'열심히 하는 사람을 더 부추기거나 몰아침'의 비유

走馬看山 주마간산

말을 타고 달리며 산수를 봄

'바쁘게 대충대충 보고 지남'을 이름

走馬燈 주마등

돌리는 대로 그림의 장면이 다르게 보이는 등

'사물이 빨리 변하여 돌아감'의 비유

奔走 분주

마구 달림

'몹시 바쁨'의 비유

疾走 질주

빠르게 달림

暴走 폭주

규칙을 무시하고 함부로 난폭하게 달림

8
한자자격시험 3~4급

超 | 초

뛰어넘을

획수: **12** 부수: **走**

>>> 형성문자

走 + 召(소) (→ 召의 전음이 음을 나타냄)

超過 초과

일정한 한도를 넘음

超然 초연

현실 속에서 벗어나 얽매이지 않는 모양

국어 실력으로 이어지는 수(秀) 한자: 3-4급 상

超越 초월

어떤 한계나 표준을 뛰어넘음

超人 초인

능력 따위가 보통 사람보다 훨씬 뛰어난 사람

063

身

몸 신

배가 부른 사람의 몸을 표현한 글자이다.
주로 신체와 관련된 뜻을 지닌다.

한자자격시험 5~8급

身 | 신
몸
획수: **7** 부수: **身**

>>> 상형문자

身邊 신변 / **身分** 신분 / **身上** 신상 / **身長** 신장 /
身體 신체 / **肉身** 육신

064

長

길 **장**

긴 머리털이 있는 사람이 지팡이를 쥐고 있는 모습을 표현한 글자이다.

1
한자자격시험 5~8급

長 | 장
길, 어른

획수: **8** 부수: **長**

>>> 상형문자

長廣舌 장광설 / 長短 장단 / 長蛇陣 장사진 / 長壽 장수 / 長幼有序 장유유서 / 家長 가장

066

黑

검을 흑

사람의 얼굴에 문신이 새겨진 모습을 표현한 글자이다.
옛날에는 죄인이나 포로의 얼굴에 검은 먹물로 문신을 새기고 노예로 삼았다.

2
한자자격시험 3~4급

黨 | 당
무리
획수: **20** 부수: **黑**

>>> 형성문자

黑 + 尙(상) (→ 尙의 전음이 음을 나타냄)

黨規 당규
당의 규칙. 黨則(당칙)

黨論 당론
정당의 의견이나 의논

黨爭 당쟁
당파를 이루어 서로 싸움

朋黨 붕당
뜻이 같은 사람끼리 모인 단체

惡黨 악당
흉악한 무리

政黨 정당
일정한 정치 이상의 실현을 위하여 政見(정견)이 같은 사람끼리, 정치권력에의 참여를 목적으로 모인 단체

3
한자자격시험 3~4급

點 | 점
점
획수: **17** 부수: **黑**

>>> 형성문자

黑 + 占(점)

點檢 점검
낱낱이 검사함

點燈 점등
등불을 켬

點綴 점철
여기저기 흩어진 것들이 서로 이어짐, 또는 그것들을 이음

點火 점화
불을 켜거나 붙임

缺點 결점
잘못되거나 모자란 점

難點 난점
처리하기 어려운 점

4
한자자격시험 3~4급

黑 | 흑
검을
획수: **12** 부수: **黑**

>>> 상형문자

黑髮 흑발
검은 머리털

黑白 흑백
❶ 검은색과 흰색
❷ 옳고 그름

黑字 흑자
❶ 검은 글자
❷ 수지 결산상의 이익

黑板 흑판

흑색이나 녹색의 판. 漆板(칠판)

暗黑 암흑

어둡고 캄캄함

漆黑 칠흑

칠처럼 검고 光澤(광택)이 있음, 또는 그런 빛깔

067

儿

어진 사람 **인**

사람을 표현한 글자이다.
사람이 꿇어앉아있는 형상으로 사람의 동작이나 모양을 나타내는 글자에 많이 쓰인다.

5
한자격시험 3~4급

克 | 극
이길
획수: **7** 부수: **儿**

>>> 형성문자

儿 + 古(고) (→ 古의 전음이 음을 나타냄)

克己 극기
자기의 私念(사념), 私慾(사욕) 따위를 눌러 이김

克己復禮 극기복례
사사로운 욕심을 누르고 예의범절을 좇음

克服 극복
어려움을 이겨 냄

6
한자격시험 3~4급

免 | 면
면할
획수: **7** 부수: **儿**

>>> 회의문자

刀(=ク)[사람] + 穴[구멍] + 儿 (→ 여자가 출산함의 뜻)

免稅 면세
課稅(과세)를 면제함

免疫 면역
질병에 잘 걸리지 않는 저항력을 가지는 일

免除 면제
의무, 책임을 지우지 아니함

赦免 사면

죄를 용서하여 형벌을 면제함

罷免 파면

직무를 그만두게 함

7

한자자격시험 3~4급

兒 | 아

아이

획수: **8** 부수: 儿

>>> 상형문자

어린아이의 머리가 큰 것을 강조한 모습

兒童 아동

어린이

兒役 아역

영화, 연극에서 어린이의 역, 또는 그 역을 맡은 연기자

嬰兒 영아

젖먹이. 乳兒(유아)

幼兒 유아

어린아이

8

한자자격시험 3~4급

兆 | 조

조짐

획수: **6** 부수: 儿

>>> 상형문자

거북의 등딱지를 구워 점칠 때 갈라진 모양. 조짐의 뜻

兆朕 조짐

어떤 일이 일어날 기미

前兆 전조

미리 나타나는 조짐. 徵兆(징조)

9

한자격시험 3~4급

充 | 충

가득할

획수: **5** 부수: **儿**

>>> 회의문자

儿 + 育[기를 육]의 생략형 (→ 사람이 자라서 커짐의 뜻)

充滿 충만

가득 참

充實 충실

내용이 갖추어지고 알참

充員 충원

모자라는 인원을 채움

充足 충족

分量(분량)이 차서 모자람이 없음

補充 보충

부족한 것을 보태어 채워 넣음

擴充 확충

넓혀서 가득 차게 함

10

한자격시험 5~8급

光 | 광

빛

획수: **6** 부수: **儿**

>>> 회의문자

火 + 儿 (→ 사람의 위에 있는 불. 전하여 빛남의 뜻이 됨)

光明 광명 / **光陰** 광음 / **光彩** 광채 / **榮光** 영광 /
後光 후광

11

한자자격시험 5~8급

先 | 선

먼저, 앞설

획수: **6** 부수: 儿

>>> 회의문자

儿 + 之[가다] (→ 나아가다의 뜻)

先覺 선각 / **先見之明** 선견지명 / **先驅** 선구 /
先烈 선열 / **先後** 선후 / **機先** 기선

12

한자자격시험 5~8급

光 | 원

으뜸

획수: **4** 부수: 儿

>>> 지사문자

사람의 머리를 표현한 글자

元老 원로 / **元素** 원소 / **元首** 원수 / **元祖** 원조 /
壯元 장원

13

한자자격시험 5~8급

兄 | 형

맏

획수: **5** 부수: 儿

>>> 회의문자

口[입] + 儿 (→ 사람 위에서 지시하는 사람)

兄夫 형부 / **兄弟** 형제 / **妹兄** 매형

068

卩

병부 절

윗사람으로부터 명령을 받기위해 꿇어앉은 사람을 표현한 글자
이다.

3

한자자격시험 3~4급

卷 | 권

책

획수: **8** 부수: **卩**

>>> 형성문자

卩 + 㢱(권)

(→ 㢱은 말다의 뜻. 고대에는 책을 두루마리로 하였다)

卷頭 권두

❶ 책의 첫머리. 卷首(권수)
❷ 질로 된 책의 첫째 권

卷數 권수

책의 수

壓卷 압권

❶ 같은 책 가운데서 가장 잘 지은 글
❷ 여러 책들 가운데서 가장 잘된 책

4

한자자격시험 3~4급

卵 | 란

알

획수: **7** 부수: **卩**

>>> 상형문자

개구리의 알을 본뜬 글자

卵生 난생

알에서 태어남

227

鷄卵 계란

닭의 알. 달걀

累卵 누란

쌓아 놓은 여러 개의 알. '매우 위태로운 형국'의 비유

産卵 산란

알을 낳음

5
한자자격시험 3~4급

卽 | 즉

곧

획수: **9** 부수: **卩**

>>> 회의문자

皀 + 卩 (→ 皀은 먹을 것의 상형. 사람이 무릎을 꿇고 밥상 앞에 앉아 막 먹으려고 하는 모습)

卽決 즉결

그 자리에서 결정함

卽死 즉사

그 자리에서 곧 죽음

卽席 즉석

일이 진행되는 바로 그 자리

卽時 즉시

그때 바로. 당장에

卽位 즉위

王位(왕위)에 오름

卽興 즉흥

즉석에서 일어나는 흥취

6

한자자격시험 3~4급

危 | 위
위태할
획수: **6** 부수: **㔾**

>>> 회의문자

厃 + 㔾 (→ 厃(위)는 사람이 언덕위에 있는 모양이고, 㔾은 사람이 꿇어앉은 모습)

危機 위기
위험한 고비

危機一髮 위기일발
한 오리의 머리털로 무거운 것을 당기는 것과 같음
'아주 위험한 순간'을 이름

危篤 위독
병세가 매우 중하여 생명이 위태로움

危殆 위태
❶ 형세가 매우 어려움
❷ 위험함

危險 위험
안전하지 못함

安危 안위
편안함과 위태함

7

한자자격시험 3~4급

印 | 인
도장
획수: **6** 부수: **㔾**

>>> 회의문자

爪[손] + 㔾 (→ 손[爪]으로 사람을 꿇어 앉힌다(㔾)의 의미로, '누르다'의 뜻을 나타낸다)

印鑑 인감
자기 도장임을 증명할 수 있도록 미리 관공서의 인감부에 등록해 둔 특정한 도장의 인발

印象 인상

마음에 깊이 새겨져 잊히지 않는 자취

印稅 인세

출판사가 작가나 저작권자에게 지급하는 저작권의 사용료

印刷 인쇄

문자나 그림, 사진 등을 종이 따위에 옮겨 찍어서 여러 벌의 복제물을 만드는 일

烙印 낙인

❶ 불에 달구어 찍는 쇠도장. 火印(화인)
❷ 불명예스러운 평가나 판정의 비유

捺印 날인

도장을 찍음

8
한자자격시험 5~8급

卯 | 묘

토끼, 넷째지지

획수: **5** 부수: **卩**

>>> 상형문자

문의 양쪽 문짝을 밀어여는 모양. 가차하여 넷째지지로 쓰인다

卯時 묘시

069

尢

절름발이 왕

사람의 다리 하나는 곧고, 하나는 굽은 모습을 표현한 글자이다.
다리 하나가 굽은 모양으로 그 뜻이 '절름발이'가 되었다.

1
한자자격시험 3~4급

尤 | 우
더욱
획수: **4** 부수: **尢**

>>> 형성문자

乙을 바탕으로 又(우)가 음을 나타낸다

尤妙 우묘

더욱 신묘함

不怨天不尤人 불원천불우인

하늘을 원망하지 않으며 남을 탓하지 않음
'남을 탓하지 않고 분수를 지켜 자기 수양에 노력함'을 이름

2
한자자격시험 3~4급

就 | 취
나아갈
획수: **12** 부수: **尢**

>>> 회의문자

京[높은 언덕] + 尤[뛰어남] (→ 가장 높은 언덕의 뜻)

就任 취임

맡은 임무에 처음으로 나아감

就職 취직

일정한 직업을 잡아 직장에 나아감. 就業(취업)

就寢 취침

잠자리에 듦

就學 취학

학교에 들어가 공부함

去就 거취

물러감과 나아감

成就 성취

목적대로 일을 이룸

070

尸

주검 시

옛날 사람이 죽어서 땅속에 묻힐 때의 주검 모양을 본뜬 것이다.

11
한자격시험 3~4급

居 | 거

살, 어조사

획수: **8** 부수: **尸**

>>> 형성문자

尸 + 古(고) (→ 古의 전음이 음을 나타냄)

居室 거실

❶ 거처하는 방. 거처방
❷ 서양식 집에서 가족이 모여 생활하는 공간

居住 거주

일정한 곳에 자리에 잡고 삶, 또는 그곳

居處 거처

사는 곳

寄居 기거

잠시 남의 집에 덧붙어서 삶

隱居 은거

세상을 피하여 숨어 삶. 遁居(둔거)

尺[법칙] + 口[입 구] (→ 말을 삼감의 뜻. 전하여 '구획 짓다'의 의미를 나타냄)

局面 국면

❶ 일이 되어 가는 형편

❷ 바둑이나 장기에서, 승부의 形勢(형세)

局限 국한

범위를 일정 부분에 한정함

開局 개국

방송국, 우체국 등이 신설되어 처음 업무를 봄

難局 난국

처리하기 어려운 국면이나 고비

對局 대국

마주 대하여 바둑이나 장기를 둠

時局 시국

나라나 사회 안팎의 사정. 그때의 정세

尸[사람] + 彳, 夊[걸어감] + 舟[나막신]
(→ 사람이 신고 다니는 것의 뜻)

履歷 이력

지금까지의 학업, 직업 따위의 경력

履修 이수

차례를 따라 학문을 닦음

履行 이행

실제로 행함

국어 실력으로 이어지는 수(秀) 한자: 3-4급 상

14

尾 | 미

꼬리

획수: **7** 부수: **尸**

>>> 회의문자

尸 + 毛 (→ '尸'는 짐승의 엉덩이의 상형. 毛[털 모]를 붙여, 털이 있는 꼬리를 나타냄)

尾行 미행

몰래 남의 뒤를 밟음

交尾 교미

동물의 암수가 교접하는 일

末尾 말미

끝 부분. 맨 끄트머리

15

屋 | 옥

집

획수: **9** 부수: **尸**

>>> 회의문자

尸[사람] + 至[이르다] (→ 사람이 이르러 머무름의 뜻)

屋上 옥상

지붕 위

屋上架屋 옥상가옥

지붕 위에 또 지붕을 얹음

'부질없이 덧붙여서 하는 일의 비유

屋上屋(옥상옥)

屋外 옥외

집 바깥. 건물의 밖

家屋 가옥

사람이 사는 집

社屋 사옥

회사의 건물

韓屋 한옥

한국식 전통 가옥

16
한자자격시험 3~4급

展 | 전

펼

획수: **10** 부수: **尸**

>>> 형성문자

尸 + 㠭[㠭(전)의 생략형]

展開 전개

펴서 벌임

展望 전망

❶ 멀리 바라봄, 또는 멀리 바라보이는 경치

❷ 앞날을 내다봄, 또는 내다보이는 장래

展示 전시

물품 따위를 벌여 놓고 보임. 展覽(전람)

發展 발전

어떤 상태가 더 좋은 상태로 되어 감

進展 진전

진행되어 나아감

17
한자자격시험 3~4급

尺 | 척

자

획수: **4** 부수: **尸**

>>> 지사문자

尸 + ㇏[길이의 표지] (→ 옛날 사람이 쓰는 길이의 단위를 나타냄)

尺度 척도

❶ 자로 재는 길이의 표준

❷ 무엇을 평가, 판단하는 기준

曲尺 곡척

나무나 쇠로 'ㄱ'자 모양으로 만든 자

越尺 월척

낚시로 잡은 물고기의 길이가 한 자 남짓함, 또는 그 물고기

咫尺 지척

아주 가까운 거리

縮尺 축척

길이, 넓이 따위를 축소하여 그릴 때의 비

18
한자격시험 3~4급

層 | 층

층

획수: **15** 부수: **尸**

>>> 형성문자

尸 + 曾(증) (→ 曾의 전음이 음을 나타냄)

層階 층계

階段(계단). 層層臺(층층대)

層巖絶壁 층암절벽

몹시 험한 바위가 겹겹으로 쌓인 낭떠러지

階層 계층

사회를 형성하는 여러 층

單層 단층

홑층. 단일 층

地層 지층

자갈, 모래 따위가 물 밑이나 지표에 퇴적하여 이룬 층

071

旡

없을 **무**

사람[旡]의 머리 위에 一을 더해 머리가 보임이 없게 함을 표현한
글자로 보인다.

旡(기)가 음을 나타냄

旣 | 기
이미
획수: **11** 부수: **旡**

>>> 형성문자

072

欠

하품 **흠**

사람이 입을 크게 벌리고 하품하는 모양을 표현한 글자이다.
欠자가 덧붙여진 한자는 흔히 사람이 크게 입을 벌리는 동작과
관련된 뜻을 지닌다.

5
한자격시험 3~4급

欺 | 기

속일

획수: **12** 부수: **欠**

>>> 형성문자

欠 + 其(기)

欺弄 기롱
속여 농락함

欺瞞 기만
남을 그럴듯하게 속임

詐欺 사기
남을 꾀어 속임

6
한자격시험 3~4급

欲 | 욕

하고자할

획수: **11** 부수: **欠**

>>> 형성문자

欠 + 谷(곡) (→ 谷의 전음이 음을 나타냄)

欲求 욕구
무엇을 얻거나 무슨 일을 하고자 바라고 원함

欲望 욕망
무엇을 하거나 가지고자 바람, 또는 그 마음

欲情 욕정
이성에 대한 육체적 욕망. 色情(색정)

次 | 차

버금

획수: **6** 부수: **欠**

>>> 형성문자

欠 + 二(이) (→ 二의 전음이 음을 나타냄)

次席 차석

首席(수석)의 다음가는 자리

次善 차선

最善(최선)에 버금가는 좋은 방도

目次 목차

항목, 제목 따위를 차례로 배열한 것

席次 석차

❶ 자리의 차례
❷ 성적의 차례

歎 | 탄

탄식할

획수: **15** 부수: **欠**

>>> 형성문자

欠 + 𦰩(간) (→ 𦰩의 전음이 음을 나타냄)

歎聲 탄성

❶ 감탄하는 소리
❷ 탄식하는 소리

歎息 탄식

한탄하며 한숨을 쉼, 또는 그 한숨

感歎 감탄

마음에 느끼어 歎服(탄복)함

慨歎 개탄

분하게 여기어 탄식함

痛歎 통탄

몹시 탄식함

국어 실력으로 이어지는 수(秀) 한자: 3-4급 상

한자자격시험 5~8급

歌 | 가

노래

획수: **14** 부수: **欠**

>>> 형성문자

欠 + 哥(가)

歌舞 가무 / **歌手** 가수 / **歌謠** 가요 / **詩歌** 시가 /
戀歌 연가

전신

073

毋

말 무

어른인 여자를 표현한 글자이다.

3
한자자격시험 5~8급

母 | 모
어미
획수: **5** 부수: **毋**

>>> 지사문자

'女(녀)'는 여성의 뜻. 두 점은 젖가슴을 표시하여 아이를 낳아 기르는 어미의 뜻을 나타냄

母系 모계 / **母國** 모국 / **母性** 모성 / **母體** 모체 /
乳母 유모

4
한자자격시험 5~8급

每 | 매
매양
획수: **7** 부수: **毋**

>>> 형성문자

屮 + 母(모) (→ 母의 전음이 음을 나타냄)

每番 매번 / **每事** 매사 / **每週** 매주

074

병들 녁

병들어 침상에 누워있는 사람을 표현한 글자이다.
疒자 부수에 속하는 한자는 질병이나 신체의 이상과 관련된 뜻을
지닌다.

8
한자격시험 3~4급

症 | 증
증세
획수: **10** 부수: **疒**

>>> 형성문자

疒 + 正(정) (→ 正의 전음이 음을 나타냄)

症勢 증세
병으로 말미암아 나타나는 현상이나 상태. 症狀(증상)

渴症 갈증
목마름

炎症 염증
세균이나 독소로 인하여 피부가 붉게 부어오르며 아픈 병

痛症 통증
아픈 증세

9
한자격시험 3~4급

痛 | 통
아플
획수: **12** 부수: **疒**

>>> 형성문자

疒 + 甬(용) (→ 甬의 전음이 음을 나타냄)

痛症 통증
아픈 증세

痛快 통쾌
마음이 아주 시원함

243

痛歎 통탄

몹시 슬퍼 탄식함

悲痛 비통

슬퍼서 마음이 아픔

陣痛 진통

❶ 해산할 때 주기적으로 되풀이되는 복통
❷ '사물이 이루어질 무렵에 겪는 어려움'의 비유

疒 + 皮(피)

疲困 피곤

몸이 지치어 고달픔

疲勞 피로

몸이나 정신이 지치어 느른함, 또는 그러한 상태

疲弊 피폐

지치고 쇠약해짐

疒 + 丙(병)

病菌 병균 / **病院** 병원 / **病弊** 병폐 / **持病** 지병 /
疾病 질병

075

艮

괘이름 간

사람의 눈을 강조한 모양을 형상화한 모습이다.
가차하여 방향, 시간 등의 괘이름으로 쓰이게 되었다.

1

한자자격시험 3~4급

良 | 량

어질

획수: **7** 부수: **艮**

>>> 상형문자

곡류 중에 좋은 것만을 골라내기 위한 기구의 상형으로, '좋다', '어질다'의 뜻을 나타냄

良書 양서

내용이 좋은 책

良心 양심

사물의 시비를 판단하고 언행을 올바르게 하려는 마음

良藥苦口 양약고구

좋은 약은 입에 씀

'충고하는 말은 듣기 거북하지만 자기에게 이로움'의 비유

忠言逆耳(충언역이)

良好 양호

매우 좋음

改良 개량

고치어 좋게 함

善良 선량

착하고 어짊

076

頁

머리 **혈**

꿇어앉은 사람 모습에 과장된 머리를 표현한 글자이다.
頁자 부수에 속하는 한자는 그 뜻이 흔히 머리의 각 부위나 동작과 관련이 있다.

9
한자자격시험 3~4급

領 | 령

옷깃

획수: **14** 부수: **頁**

>>> 형성문자

頁 + 令(령)

領袖 영수
❶ 옷깃과 소매
❷ 어떤 단체의 우두머리

領域 영역
❶ 국가의 주권이 미치는 범위
❷ 세력이 미치는 범위

領土 영토
❶ 영유하고 있는 땅
❷ 한 나라의 통치권이 미치는 지역

首領 수령
한 당파나 무리의 우두머리. 頭領(두령)

要領 요령
❶ 사물의 요긴하고 으뜸 되는 점, 또는 그 줄거리
❷ 적당히 꾀를 부려 하려 하는 짓

占領 점령
어느 땅을 차지하여 제 것으로 함. 占據(점거)

10

類 | 류
무리
획수: **19** 부수: **頁**

>>> 형성문자

犬[개 견] + 頪(뢰)　(→ 頪의 전음이 음을 나타냄)

類似 유사

서로 비슷함

類類相從 유유상종

같은 무리끼리 서로 따름

類型 유형

같은 형. 비슷한 형

分類 분류

종류별로 가름

種類 종류

어떤 기준에 따라 나눈 갈래

11

須 | 수
모름지기, 수염
획수: **12** 부수: **頁**

>>> 회의문자

頁 + 彡[털의 모양]　(→ 얼굴의 수염의 뜻)

須臾 수유

잠깐. 아주 짧은 시간

必須 필수

꼭 필요함

12

順 | 순
순할
획수: **12** 부수: **頁**

>>> 형성문자

頁 + 川(천)　(→ 川의 전음이 음을 나타냄)

順理 순리

❶ 도리를 따름

❷ 마땅한 도리나 이치

順序 순서

차례. 次第(차제)

順應 순응

❶ 순순히 응함
❷ 조건이나 경우에 맞게 적응함

順坦 순탄

순조롭고 평탄함

順風 순풍

❶ 순하게 부는 바람
❷ 배가 가는 쪽으로 부는 바람

逆順 역순

거꾸로 된 순서

13
한자자격시험 3~4급

頌 | 송

칭송할

획수: **13** 부수: **頁**

>>> 형성문자

頁 + 公(공) (→ 公의 전음이 음을 나타냄)

頌歌 송가

❶ 찬양하는 노래
❷ 기리고 노래함

讚頌 찬송

훌륭한 덕을 기림

稱頌 칭송

칭찬하고 기림

14 한자자격시험 3~4급

顔 | 안
얼굴

획수: **18** 부수: **頁**

>>> 형성문자

頁 + 彦(언) (→ 彦의 전음이 음을 나타냄)

顔面 안면
❶ 얼굴
❷ 서로 알 만한 親分(친분)

顔色 안색
얼굴빛

童顔 동안
❶ 어린이의 얼굴
❷ 어린아이와 같은 얼굴

無顔 무안
부끄러워 볼 낯이 없음

厚顔無恥 후안무치
낯가죽이 두꺼워 부끄러움이 없음

15 한자자격시험 3~4급

額 | 액
이마

획수: **18** 부수: **頁**

>>> 형성문자

頁 + 客(객) (→ 客의 전음이 음을 나타냄)

額面 액면
이마의 표면
'말이나 글의 표현된 그대로의 것'을 이름

額數 액수
돈의 머릿수

金額 금액
돈의 액수

總額 총액
전체의 액수

願 | 원

원할

획수: **19** 부수: **頁**

>>> 형성문자

頁 + 原(원)

願望 원망

원하고 바람

祈願 기원

바라는 바가 이루어지기를 빎

所願 소원

바람, 또는 바라는 바

念願 염원

늘 생각하고 간절히 바람, 또는 그러한 소원

歎願 탄원

사정을 말하고 도와주기를 간절히 바람

頂 | 정

정수리

획수: **11** 부수: **頁**

>>> 형성문자

頁 + 丁(정)

頂門一鍼 정문일침

정수리에 침을 놓음
'따끔한 비판이나 타이름'을 이름

頂上 정상

❶ 산의 꼭대기
❷ 그 이상 더 없는 것. 最上(최상)

頂點 정점

사물의 맨 꼭대기. 絶頂(절정)

登頂 등정

산 따위의 정상에 오름

絶頂 절정

❶ 頂點(정점)

❷ 최고에 이른 상태나 단계

18
한자격시험 3~4급

項 | 항

목

획수: **12** 부수: **頁**

>>> 형성문자

頁 + 工(공) (→ 工의 전음이 음을 나타냄)

項目 항목

어떤 기준에 따라 나눈 일의 가닥

條目(조목). 條項(조항)

問項 문항

문제의 항목

事項 사항

일의 조목

19
한자격시험 5~8급

頭 | 두

머리

획수: **16** 부수: **頁**

>>> 형성문자

頁 + 豆(두)

頭角 두각 / **頭目** 두목 / **頭髮** 두발 / **頭緒** 두서 /
頭痛 두통 / **先頭** 선두

20
한자격시험 5~8급

題 | 제

제목

획수: **18** 부수: **頁**

>>> 형성문자

頁 + 是(시) (→ 是의 전음이 음을 나타냄)

題目 제목 / **題材** 제재 / **問題** 문제 / **主題** 주제 /
標題 표제

251

077

髟

머리늘어질 **표**

지팡이를 짚고 있는 머리털이 긴 사람[镸]과 그 의미를 더욱 분명히 하기 위해 털[彡]이 어우러진 모습을 표현한 글자이다.

1

한자자격시험 3~4급

髮 | 발
터럭
획수: **15** 부수: **髟**

>>> 형성문자

髟 + 犮(발)

斷髮 단발
머리털을 짧게 깎거나 자름, 또는 그 머리털

頭髮 두발
머리털

削髮 삭발
머리를 박박 깎음

危機一髮 위기일발
한 오리 머리털로 무거운 것을 당김
'아주 위험한 순간'을 이름

078

鬥

싸움 투

두 사람이 맨손으로 싸우는 모습을 표현한 글자이다.

1

한자자격시험 3~4급

鬪 | 투

싸울

획수: **20** 부수: 鬥

>>> 형성문자

鬥 + 鼓(주) (→ 鼓의 전음이 음을 나타냄)

鬪病 투병

病魔(병마)와 싸움

鬪爭 투쟁

상대를 이기려고 싸움

鬪志 투지

싸우려고 하는 의지

鬪魂 투혼

끝까지 싸우려는 기백

奮鬪 분투

있는 힘을 다하여 싸움

死鬪 사투

죽을힘을 다하여 싸움

제4장
사람 관련 부수

손

又

또 우

무언가 잡으려고 하는 오른손이 옆으로 표현된 글자이다.
又자가 덧붙여진 한자는 흔히 손과 관련된 뜻을 지닌다.

4

한자자격시험 3~4급

及 | 급

미칠

획수: **4** 부수: **又**

>>> 회의문자

사람한테 손이 닿는 모양

及第 급제

科擧(과거)에 합격함

普及 보급

널리 퍼뜨려 알리거나 사용하게 함

言及 언급

❶ 하는 말이 거기까지 미침
❷ 어떤 문제에 대해서 말함

波及 파급

영향이나 여파가 차차 전해져 먼 데까지 미침

5

한자자격시험 3~4급

受 | 수

받을

획수: **8** 부수: **又**

>>> 회의문자

爪[손톱] + 又[손] + 冖[쟁반]

(→ 두 손[爪 + 又] 사이에 쟁반[冖]이 있는 모습으로 두 사람이 물건을 주고받는다는 뜻)

受講 수강

강습을 받거나 강의를 들음

受諾 수락

요구를 받아들여 승낙함

受容 수용

받아들임

受益 수익

이익을 얻음

甘受 감수

달게 받음

授受 수수

주고받음

6

한자격시험 3~4급

叔 | 숙

아재비

획수: **8** 부수: **又**

>>> 형성문자

又 + 朿(숙)

叔母 숙모

숙부의 아내. 작은어머니

叔父 숙부

아버지의 동생

堂叔 당숙

아버지의 사촌 형제

外叔 외숙

어머니의 남자 형제. 外三寸(외삼촌)

오른손을 그린 것

耳[귀] + 又[손]
(→ 전쟁에 이겨서 적의 귀를 잘라 가진데서 취함의 뜻을 나타냄)

取得 취득
손에 넣음. 제 것으로 함

取捨選擇 취사선택
가질 것과 버릴 것을 골라잡음

取消 취소
기록하거나 진술한 사실을 지워 없앰. 抹消(말소)

取材 취재
記事(기사) 따위의 재료나 제재를 찾아서 얻음, 또는 그 일

爭取 쟁취
싸워서 빼앗아 가짐

奪取 탈취
남의 것을 억지로 빼앗아 가짐

9 **한자자격시험 5~8급** **反** | 반, 번 돌이킬, 뒤칠 획수: **4** 부수: **又** >>> 형성문자	又 + 厂(엄) (→ 厂의 전음이 음을 나타냄) **反擊** 반격 / **反亂** 반란 / **反目** 반목 / **反駁** 반박 / **反應** 반응 / **如反掌** 여반장

10 **한자자격시험 5~8급** **友** | 우 벗 획수: **4** 부수: **又** >>> 회의문자	손을 포갠 모양을 그린 글자 **友邦** 우방 / **友愛** 우애 / **友誼** 우의 / **友好** 우호 / **朋友** 붕우

마디 **촌**

손 모양을 표현한 글자이다.
寸자 부수에 속하는 한자는 일반적으로 손과 관련된 뜻이나 일정한 법도와 관련되어 이뤄진 뜻을 지닌다.

4
한자자격시험 3~4급

導 | 도

인도할
획수: **16** 부수: **寸**

>>> 형성문자

寸 + 道(도)

導入 도입
이끌어 들임

導出 도출
이끌어 냄

導火線 도화선
❶ 폭발물을 터뜨릴 때 불을 댕기는 심지
❷ 사건을 일으키게 하는 원인이나 계기

善導 선도
바른 길로 인도함

誘導 유도
꾀어서 이끎

指導 지도
가르쳐 주어 일정한 방향으로 나아가게 이끎

寸[법도] + 土[땅] (→ 일을 하는 곳의 뜻)

寺院 사원

절. 寺刹(사찰)

寺人 시인

왕을 모시며 후궁의 일을 맡아보던 사람. 內侍(내시)

山寺 산사

산속에 있는 절

寸 + 身 (→ 활을 쏘는 데는 법칙이 있음의 뜻)

射擊 사격

활, 총 등으로 화살, 彈丸(탄환) 등을 쏨

射殺 사살

쏘아 죽임

射手 사수

활, 총 등을 쏘는 사람

射倖 사행

僥倖(요행)을 노림

亂射 난사

총 따위를 표적을 정하지 않고 함부로 쏘아 댐

寸 + 醬(장) (→ 醬의 생략형이 음을 나타냄)

7
한자자격시험 3~4급

將 | 장

장수, 장차

획수: **11** 부수: **寸**

>>> 형성문자

將校 장교

군대의 소위 이상의 무관

將軍 장군

일군을 통솔하는 무관

將帥 장수

군사를 거느리고 지휘하는 장군

勇將 용장

용감한 장수

日就月將 일취월장

날로 달로 자라거나 발전해 나아감

寸 + 叀(전)

8
한자자격시험 3~4급

專 | 전

오로지

획수: **11** 부수: **寸**

>>> 형성문자

專攻 전공

한 가지 부문을 전문적으로 연구함

專念 전념

오로지 한 가지 일에만 마음을 씀

專屬 전속

오직 한 곳에만 딸림

專心專力 전심전력

마음과 힘을 오로지 한 일에만 모아 씀

專制 전제

혼자 마음대로 결정하고 처리함

專橫 전횡

權勢(권세)를 제 마음대로 휘두름

酋[술단지]를 손[寸]으로 받들고 있는 모양. 제사에 쓰는 귀한 술단지의 뜻

9

한자자격시험 3~4급

尊 |존,준

높을, 술그릇

획수: **12** 부수: **寸**

>>> 회의문자

尊敬 존경

받들어 공경함

尊貴 존귀

지위, 신분 따위가 높고 귀함

尊嚴 존엄

高貴(고귀)하고 嚴肅(엄숙)함

尊重 존중

받들어 중하게 여김

尊稱 존칭

존경하여 높이어 부름, 또는 그 일컬음

尊銜 존함

남의 '이름'의 높임말

10

한자자격시험 5~8급

對 | 대

대답할

획수: **14** 부수: **寸**

>>> 회의문자

丵은 위가 톱니모양인 '끌'의 모양. 寸[손]으로 끌을 쥐고 문자를 새겨서 천자의 말에 대답하다의 의미

對決 대결 / **對答** 대답 / **對立** 대립 / **對備** 대비 / **相對** 상대 / **應對** 응대

263

11
한자자격시험 5~8급

寸 | 촌
마디
획수: **3** 부수: **寸**

>>> 지사문자

오른쪽 손목에 엄지손가락을 대어 마디를 재다의 뜻을 나타냄

寸刻 촌각 / **寸劇** 촌극 / **寸陰** 촌음 / **寸志** 촌지 / **寸鐵殺人** 촌철살인 / **寸評** 촌평

082

攴 칠복

攵 둥글월문

채찍과 같은 나뭇가지를 손에 잡고 무언가 치려는 모습을 표현한 글자이다. 攴자가 글자에 덧붙여질 때는 攵의 형태로 약간 변화되어 쓰인다. 攴자 부수에 속한 한자는 대개 다그쳐 일어나는 동작이나 행위와 관계된 뜻을 지닌다.

3

한자자격시험 3~4급

敢 | 감

감히

획수: **12** 부수: **攴**

>>> 회의문자

두 손으로[攵] 무엇을 다투어 입[甘]속에 넣는 모습이다

敢鬪 감투

용감하게 싸움

敢行 감행

어려움을 무릅쓰고 용감하게 행함

果敢 과감

과단성이 있고 용감함

勇敢 용감

씩씩하고 두려움이 없으며 기운참

4

한자자격시험 3~4급

改 | 개

고칠

획수: **7** 부수: **攴**

>>> 형성문자

攵 + 己 (→ 己의 전음이 음을 나타냄)

改過遷善 개과천선

잘못을 고치어 착하게 됨. 改過自新(개과자신)

改善 개선

잘못을 고쳐 좋게 함

改惡 개악

고쳐서 더 나빠짐

改訂 개정

고치어 정정함

改編 개편

❶ 책 따위를 고쳐 엮음
❷ 조직 따위를 고쳐 편성함

改革 개혁

새롭게 뜯어 고침

5
한자자격시험 3~4급

敬 | 경

공경할
획수: **13** 부수: **攴**

>>> 형성문자

攴 + 苟(구)

(→ '苟'는 머리를 특별한 모양으로 하고, 몸을 굽혀 신에게 비는 모양을 본뜸. 파생되어 '삼가다', '공경하다'의 뜻을 나타냄)

敬禮 경례

공경의 뜻을 나타내는 일

敬老 경로

노인을 공경함

敬畏 경외

공경하고 어려워함

敬天愛人 경천애인

하늘을 공경하고 사람을 사랑함

恭敬 공경

남을 대할 때 몸가짐을 공손히 하고 존경함

尊敬 존경

높여 공경함

6

한자자격시험 3~4급

故 | 고
연고

획수: **9** 부수: **攴**

>>> 형성문자

攵 + 古(고)

故事 고사

옛날부터 전해 오는 내력 있는 일, 또는 그것을 나타낸 어구

故人 고인

죽은 사람

故障 고장

기계 따위에 생긴 이상

故鄕 고향

❶ 태어나 자란 고장
❷ 조상 때부터 대대로 살아온 곳

變故 변고

괴이쩍은 사고

事故 사고

뜻밖에 일어난 사건

7

한자자격시험 3~4급

攻 | 공
칠

획수: **7** 부수: **攴**

>>> 형성문자

攵 + 工(공)

攻擊 공격

❶ 적을 침
❷ 상대편을 수세에 몰아넣고 강하게 밀어붙임

攻略 공략

남의 잘못에 대하여 따지고 논박함

攻防 공방

공격과 방어

攻勢 공세

공격하는 태세나 세력

專攻 전공

전문적으로 연구함

侵攻 침공

남의 나라에 쳐들어감

8
한자자격시험 3~4급

救 | 구

구원할

획수: **11** 부수: **攵**

>>> 형성문자

攵 + 求(구)

救國 구국

나라를 위기에서 구함

救急 구급

위급한 처지에 빠진 사람을 구함

救援 구원

위험이나 어려운 고비에서 구하여 줌

救出 구출

위험한 처지에서 구해 냄

救護 구호

도와서 보호함

국어 실력으로 이어지는 수(秀) 한자: 3-4급 상

自救 자구

스스로 자신을 구제함

제4장 사람 관련 부수 손

9

한자자격시험 3~4급

敏 | 민

민첩할

획수: **11** 부수: **攵**

>>> 형성문자

攵 + 每(매) (→ 每의 전음이 음을 나타냄)

敏感 민감

예민한 감각, 또는 감각이 예민함

敏捷 민첩

재빠르고 날램

過敏 과민

지나치게 예민함

英敏 영민

매우 현명함

銳敏 예민

감각이 날카롭고 빠름

10

한자자격시험 3~4급

散 | 산

흩을

획수: **12** 부수: **攵**

>>> 형성문자

月[肉] + 㪔(산) (→ 㪔의 생략형이 음을 나타냄)

散漫 산만

흩어져 어수선함

散文 산문

글자의 수나 운율에 구애됨이 없이 자유롭게 쓰는 보통의 문장

散在 산재

여기저기 흩어져 있음

分散 분산

갈라져 흩어짐

閑散 한산

閑暇(한가)하고 쓸쓸함

<table>
<tr><td>11</td></tr>
<tr><td>한자자격시험 3~4급</td></tr>
<tr><td>收 │ 수</td></tr>
<tr><td>거둘</td></tr>
<tr><td>획수: 6 부수: 攵</td></tr>
<tr><td>>>> 형성문자</td></tr>
</table>

攵 + 丩(구) (→ 丩의 전음이 음을 나타냄)

收監 수감

잡아서 가둠

收益 수익

얻어들인 이익

收集 수집

거두어 모음

收穫 수확

곡식 따위를 거두어들임

沒收 몰수

부당하게 얻은 것을 법에 의하여 강제로 거두어들임

徵收 징수

세금, 수수료 따위를 법에 의하여 강제로 거두어들임

數 | 수, 삭, 촉

셀,수 / 자주 / 촘촘할
획수: **15** 부수: **攴**

>>> 형성문자

攴 + 婁(루) (→ 婁의 전음이 음을 나타냄)

數式 수식

수나 양을 나타내는 숫자나 문자를 계산 기호로 쓴 식

數次 수차

두서너 차례. 몇 차례

數爻 수효

사물의 낱낱의 수

術數 술수

꾀. 術策(술책)

運數 운수

인간의 힘을 초월한 天運(천운)과 氣數(기수). 運氣(운기)

敵 | 적

대적할
획수: **15** 부수: **攴**

>>> 형성문자

攴 + 啻(적)

敵國 적국

적대 관계에 있는 나라

敵手 적수

서로 대적할 만한 상대

敵陣 적진

적의 陣營(진영)

對敵 대적

서로 맞서 겨룸

匹敵 필적

재주, 힘 등이 엇비슷하여 서로 견줄 만함

政 | 정
정사
획수: **9** 부수: **攵**

>>> 형성문자

攵 + 正(정) (→ 두들겨서[攵] 바르게[正] 한다는 뜻)

政局 정국
정치계의 형편

政黨 정당
政見(정견)이 같은 사람들끼리 모인, 정치권력에의 참여를
목적으로 하는 단체

政府 정부
국가 통치권을 행사하는 기관의 총칭

政治 정치
나라를 다스리는 일

國政 국정
나라의 정사

內政 내정
국내의 정치

整 | 정
가지런할
획수: **16** 부수: **攵**

>>> 회의문자

束[다발] + 攵 + 正[바름] (→ 다발로 묶고 다시 두드려서
모양을 바로 잡음의 뜻)

整頓 정돈
가지런히 바로잡음

整列 정렬
가지런히 벌여 섬

整理 정리
어수선하거나 어지러운 것을 바로잡음

端整 단정

깔끔하고 가지런함

調整 조정

알맞게 調節(조절)하여 정돈함

16

한자자격시험 3~4급

敗 | 패

패할

획수: **11** 부수: **攴**

>>> 형성문자

攵 + 貝(패)

敗家亡身 패가망신

家産(가산)을 다 써 없애고 몸을 망침

敗北 패배

싸움에서 짐

敗色 패색

싸움에 질 조짐

敗走 패주

싸움에 져서 달아남

憤敗 분패

이길 수 있는 싸움을 분하게 짐

惜敗 석패

아깝게 짐

17

한자자격시험 5~8급

教 | 교

가르칠

획수: **11** 부수: **攴**

>>> 회의문자

爻[배움] + 攵[회초리] (→ 회초리로 쳐서 가르침의 뜻)

教理 교리 / **教唆** 교사 / **教育** 교육 / **教鞭** 교편 /
教訓 교훈 / **宗教** 종교

放 | 방
놓을
획수: **8** 부수: **攵**

>>> 형성문자

攵 + 方(방)

放免 방면 / **放牧** 방목 / **放任** 방임 / **放置** 방치 /
追放 추방 / **解放** 해방

083

殳

칠 수

손에 도구를 들고 무언가 치려는 모습을 표현한 글자이다.
殳자가 덧붙여지는 한자는 주로 치는 동작과 관련된 뜻을 지닌다.

4
한자자격시험 3~4급

段 | 단
조각
획수: **9** 부수: **殳**

>>> 회의문자

손에 막대기[殳]를 쥐고 암석(厂)을 때리는 모양으로
'二'는 때릴 때 떨어지는 조각을 의미한다.

段階 단계 / **段落** 단락 / **階段** 계단 / **手段** 수단

5
한자자격시험 3~4급

殺 | 살, 쇄
죽일, 감할
획수: **11** 부수: **殳**

>>> 형성문자

殳 + 杀(찰) (→ 杀의 전음이 음을 나타냄)

殺伐 살벌 / **殺傷** 살상 / **殺生有擇** 살생유택 /
殺害 살해 / **抹殺** 말살 / **相殺** 상쇄

084

父

아비 **부**

도끼를 손에 쥐고 있는 모습을 표현한 글자이다.
옛날 동물을 사냥하는 사람의 모습에서 중요한 부분만 나타낸 것
이다.

父系 부계 / **父母** 부모 / **父子有親** 부자유친 /
父傳子傳 부전자전 / **父親** 부친

085

皮

가죽 **피**

옷을 만들기 위해 손[又]으로 짐승의 가죽을 벗기는 모양을 표현한 글자이다.

1
한자자격시험 3~4급

皮 | 피

가죽

획수: **5** 부수: **皮**

>>> 회의문자

손[又]으로 가죽을 벗기는 것을 나타냄

皮骨相接 피골상접

살갗과 뼈가 맞닿음. '몸이 몹시 여윔'을 이름

皮膚 피부

동물의 몸의 겉을 싸고 있는 外皮(외피)

皮相 피상

겉으로 보이는 형상

皮革 피혁

가죽의 총칭

脫皮 탈피

❶ 파충류나 곤충류가 성장해 허물을 벗는 일
❷ '낡은 사고방식에서 벗어나 새로워짐'의 비유

088

勹

쌀 포

무언가 감싸 안으려는 사람의 손을 표현한 글자이다.

1
한자자격시험 3~4급

勿 | 물
말

획수: **4** 부수: **勹**

>>> 상형문자

장대 끝에 세 개의 기가 달려 있는 모양

勿論 물론
말할 것도 없음

2
한자자격시험 3~4급

包 | 포
쌀

획수: **5** 부수: **勹**

>>> 상형문자

뱃속에 아기를 가지고 있는 모양

包括 포괄
전부 휩싸 하나로 묶음

包攝 포섭
상대를 감싸 자기편으로 끌어넣음

包容 포용
남을 너그럽게 감싸 받아들임

包圍 포위
둘레를 에워쌈

包含 포함
속에 들어 있거나 함께 넣음

小包 소포
조그맣게 포장한 물건

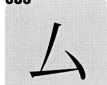

089

ム

사사 **사**

손이 안으로 굽어진 모양을 표현한 글자이다.
손이 안으로 굽어진 모양에서 자기만 생각한다는 '사사롭다'의 뜻
이 되었다.

1
한자자격시험 3~4급

參 | 삼, 참
석, 참여할
획수: **11** 부수: **ム**

>>> 형성문자

厽[별모양] + 㐱(삼)

2
한자자격시험 5~8급

去 | 거
갈
획수: **5** 부수: **ム**

>>> 형성문자

大[사람] + ム(사) (→ ム의 전음이 음을 나타냄)

去來 거래 / **去就** 거취 / **過去** 과거 / **收去** 수거 /
除去 제거 / **撤去** 철거

092

手 손 수   扌 재방변

다섯 손가락의 손을 간략히 표현한 글자이다. 手자가 다른 글자에 덧붙여질 때는 扌의 형태로 변화되기도 한다.
手자를 부수로 삼는 한자는 대부분 손의 동작과 관련이 있다.

45
한자자격시험 3~4급

拒 | 거
막을
획수: **8** 부수: **手**

>>> 형성문자

扌 + 巨(거)

拒否 거부
승낙하지 않고 물리침

拒逆 거역
윗사람의 뜻이나 명령을 항거하여 거스름

拒絕 거절
응낙하지 않고 물리침

抗拒 항거
대항함. 맞서 버팀

46
한자자격시험 3~4급

擧 | 거
들
획수: **18** 부수: **手**

>>> 형성문자

手 + 與(여) (→ 與의 전음이 음을 나타냄)

擧名 거명
어떤 사람의 이름을 들어 말함

擧兵 거병
군사를 일으킴

擧事 거사

일을 일으킴

擧手 거수

손을 위로 듦

選擧 선거

많은 사람 가운데서 적당한 사람을 대표로 뽑아냄

列擧 열거

하나씩 들어 말함

47
한자자격시험 3~4급

拳 | 권

주먹

획수: **10** 부수: **手**

>>> 형성문자

手 + 𢍏(권)

拳銃 권총

한 손으로 다룰 수 있는 작은 총

拳鬪 권투

주먹으로 서로 때려서 勝負(승부)를 결정하는 운동 경기

鐵拳 철권

강철과 같이 굳센 주먹

48
한자자격시험 3~4급

技 | 기

재주

획수: **7** 부수: **手**

>>> 형성문자

扌 + 支(지) (→ 支의 전음이 음을 나타냄)

技巧 기교

재간 있게 부리는 기술이나 솜씨

技能 기능

기술적인 능력이나 재능

技術 기술

어떤 일을 해내는 솜씨

妙技 묘기

절묘한 재주나 기술

長技 장기

가장 능한 재주

49
한자자격시험 3~4급

擔 | 담

멜

획수: **16** 부수: **手**

>>> 형성문자

扌 + 詹(첨) (→ 詹의 전음이 음을 나타냄)

擔當 담당

어떤 일을 맡음

擔保 담보

채무자가 채무를 갚지 않을 경우에 대비하여 채권자에게
제공하는 물건

擔任 담임

책임을 지고 맡아봄

加擔 가담

참가하여 맡음. 같은 편이 되어 힘을 보탬

負擔 부담

❶ 지고 메고 함
❷ 어떤 의무나 책임을 짐

分擔 분담

나누어서 맡음

50

한자자격시험 3~4급

拜 | 배

절

획수: **9** 부수: **手**

>>> 회의문자

手 + 羍[나뭇가지] (→ 사악한 것을 없애기 위해 나뭇가지를 손에 들고 절하다의 뜻)

拜金 배금

돈을 매우 소중히 여김

歲拜 세배

섣달그믐이나 정초에 웃어른께 하는 인사

崇拜 숭배

우러러 받듦

參拜 참배

❶ 신, 부처에게 예배함

❷ 무덤, 기념탑 앞에서 절하고 기림

51

한자자격시험 3~4급

扶 | 부

도울

획수: **7** 부수: **手**

>>> 형성문자

扌 + 夫(부)

扶養 부양

생활 능력이 없는 사람을 돌봄

扶助 부조

❶ 도와줌

❷ 잔칫집이나 喪家(상가)에 물건이나 돈을 보냄

相扶相助 상부상조

서로서로 도움

拂 | 불
떨칠
획수: **8** 부수: **手**

>>> 형성문자

扌 + 弗(불)

拂拭 불식
털고 훔치어 깨끗이 함

先拂 선불
먼저 치러 줌

支拂 지불
값을 치름. 돈을 내어 줌

批 | 비
비평할
획수: **7** 부수: **手**

>>> 형성문자

扌 + 比(비)

批准 비준
조약의 체결을 국가가 최종적으로 승인하는 일

批判 비판
비평하여 판정함

批評 비평
사물의 좋고 나쁨, 옳고 그름 따위를 평가함

捨 | 사
버릴
획수: **11** 부수: **手**

>>> 형성문자

扌 + 舍(사)

捨生取義 사생취의
목숨을 버리더라도 의를 취함

取捨 취사
쓸 것은 취하고 버릴 것은 버림

55

한자자격시험 3~4급

掃 | 소

쓸

획수: **11** 부수: **手**

>>> 회의문자

扌 + 帚[빗자루] (→ 비로 쓸음의 뜻)

掃滅 소멸

싹 쓸어 없앰

掃蕩 소탕

쓸 듯이 모조리 없앰

一掃 일소

남김없이 다 쓸어버림

淸掃 청소

깨끗이 쓸고 닦음

56

한자자격시험 3~4급

損 | 손

덜

획수: **13** 부수: **手**

>>> 형성문자

扌 + 員(원) (→ 員의 전음이 음을 나타냄)

損傷 손상

상하거나 깨어져서 손해가 됨, 또는 그 손해

損失 손실

❶ 축나서 없어짐
❷ 밑짐, 또는 그 일

損益 손익

손해와 이익

損害 손해

본디보다 밑지거나 害(해)가 됨

缺損 결손

모자람. 한 부분이 없어서 불완전함

破損 파손

깨어져서 못 쓰게 됨

57
한자격시험 3~4급

授ㅣ수

줄

획수: **11** 부수: **手**

>>> 형성문자

扌 + 受(수)

授受 수수

주는 일과 받는 일, 또는 주고받음

授業 수업

학업이나 기술 따위를 가르쳐 줌

授與 수여

증서, 상장, 훈장, 상품 등을 줌

教授 교수

❶ 학술이나 기예를 가르침
❷ 대학에서 가르치는 교사

傳授 전수

기술 등을 전하여 줌

58
한자격시험 3~4급

拾ㅣ습, 십

주울, 열

획수: **9** 부수: **手**

>>> 형성문자

扌 + 合(합) (→ 合의 전음이 음을 나타냄)

拾得 습득

주움

收拾 수습

❶ 어수선한 물건들을 정돈함
❷ 흐트러진 정신이나 사태를 바로잡음

국어 실력으로 이어지는 수(秀) 한자: 3-4급 상

59 한자자격시험 3~4급

承 | 승

이을

획수: **8** 부수: **手**

>>> 회의문자

手 + 卩[몸을 굽힘] + 廾[양손]

(→ 몸을 굽혀 양손으로 삼가 군주의 명령을 받듦의 뜻)

承諾 승낙

승인하여 허락함

承服 승복

납득하여 좇음

承認 승인

옳다고 인정하여 허락함

繼承 계승

조상이나 전임자의 뒤를 이어받음. 承繼(승계)

傳承 전승

계통을 대대로 전하여 이어 감

60 한자자격시험 3~4급

揚 | 양

날릴

획수: **12** 부수: **手**

>>> 형성문자

扌 + 昜(양)

揚揚 양양

목적한 일을 이루거나 이름을 드날려 자랑스러운 모양

宣揚 선양

널리 떨침

高揚 고양

정신, 기분 등을 드높임

讚揚 찬양

칭찬하여 드러냄

援 | 원
도울, 끌
획수: **12** 부수: **手**

>>> 형성문자

扌 + 爰(원)

援軍 원군
구원하는 군대

援助 원조
도와줌

救援 구원
위험, 곤란에 처한 사람을 구하여 줌

應援 응원
편들어 격려하거나 도움

支援 지원
지지하여 도움

後援 후원
뒤에서 도와줌

抵 | 저
막을
획수: **8** 부수: **手**

>>> 형성문자

扌 + 氐(저)

抵當 저당
채무의 담보로서 부동산이나 동산을 저당 잡힘

抵觸 저촉
❶ 서로 부딪침. 서로 모순됨
❷ 규칙, 법률에 위배되거나 거슬림

抵抗 저항
적과 마주 대하여 버팀

63

한자자격시험 3~4급

接 | 접

접할

획수: **11** 부수: **手**

>>> 형성문자

扌 + 妾(첩) (→ 妾의 전음이 음을 나타냄)

接客 접객

손님을 대접함

接境 접경

두 지역이 맞닿은 경계

接受 접수

관청, 회사 따위에서 서류를 받아들이는 일

迎接 영접

손님을 맞아 대접함

隣接 인접

이웃하여 닿아 있음

直接 직접

중간에 매개를 통하지 않고 바로 접촉되는 관계

64

한자자격시험 3~4급

提 | 제

끌

획수: **12** 부수: **手**

>>> 형성문자

扌 + 是(시) (→ 是의 전음이 음을 나타냄)

提供 제공

갖다 줌 보내어 이바지함

提報 제보

정보를 제공함

提示 제시

드러내어 보임

提案 제안

의안을 냄

提出 제출

의견, 안건 따위를 내어 놓음

前提 전제

무슨 일이 이루어지기 위한 선행 조건

操 | 조

잡을, 지조

획수: **16** 부수: **手**

>>> 형성문자

扌 + 喿(소) (→ 喿의 전음이 음을 나타냄)

操業 조업

작업을 함. 일을 함

操作 조작

기계 따위를 다루어 움직이게 함

操縱 조종

기계 따위를 마음대로 다루어 부림

操舵 조타

배의 키를 조종함

貞操 정조

곧고 깨끗한 절개

志操 지조

곧은 뜻과 절개

66 한자자격시험 3~4급

持 | 지

가질

획수: **9** 부수: **手**

>>> 형성문자

扌 + 寺 (→ 寺의 전음이 음을 나타냄)

持論 지론

늘 가지고 있는 의견

持病 지병

오랫동안 낫지 않아 늘 지니고 있는 병

持分 지분

공동 소유의 재산, 권리에서 각자가 가지는 몫이나 행사하는 비율

持續 지속

같은 상태가 오래 계속됨

堅持 견지

주장, 태도 등을 굳게 지니거나 지킴

支持 지지

❶ 버티거나 굄
❷ 찬동하여 원조함

67 한자자격시험 3~4급

指 | 지

손가락

획수: **9** 부수: **手**

>>> 형성문자

扌 + 旨(지)

指目 지목

여럿 가운데서 어떤 대상을 가리키어 정함

指紋 지문

손가락 끝 마디 안쪽에 있는 피부의 주름, 또는 흔적

指示 지시

가리켜 보임

指定 지정

가리켜 정함

指向 지향

생각이 어떤 목적을 향함

屈指 굴지

❶ 손가락을 꼽아 헤아림
❷ 손꼽아 헤아릴 만큼 뛰어남

68
한자자격시험 3~4급

採 | 채

캘

획수: **11** 부수: **手**

>>> 회의문자

扌 + 爫[손] + 木[나무]

(→ 손으로 나무의 열매를 딴다는 의미. 扌가 첨가되어 뜻을 더욱 분명히 하였다)

採鑛 채광

광석을 캐냄

採掘 채굴

땅을 파서 鑛物(광물) 따위를 캐냄

採集 채집

어떤 사물을 캐거나 찾아서 모음

採擇 채택

가려서 취함

公採 공채

일반에게 개방하여 사람을 뽑아 씀

伐採 벌채

나무를 베어 내고 섶을 깎아 냄

국어 실력으로 이어지는 수(秀) 한자: 3-4급 상

69 한자자격시험 3~4급

拓 | 척, 탁
열, 박을
획수: **8** 부수: **手**

>>> 형성문자

扌 + 石(석) (→ 石의 전음이 음을 나타냄)

干拓 간척

바다나 호수를 둘러막고 안의 물을 빼내어 육지로 만듦

開拓 개척

❶ 거친 땅을 일구어 논밭을 만듦

❷ 아무도 한 적이 없는 일을 처음으로 시작하여 그 부문
의 길을 닦음

拓本 탁본

金石(금석)에 새긴 글씨나 그림을 그대로 종이에 박아 냄
또는 그 박은 종이

70 한자자격시험 3~4급

招 | 초
부를
획수: **8** 부수: **手**

>>> 형성문자

扌 + 김 (→ 김의 전음이 음을 나타냄)

招待 초대

손님을 불러서 대접함

招聘 초빙

禮(예)로써 남을 부름

招請 초청

청하여 부름

問招 문초

죄인을 신문함

71

推 | 추, 퇴

천거할, 밀

획수: **11** 부수: **手**

>>> 형성문자

扌 + 隹(추)

推理 추리

사리를 미루어 생각함

推移 추이

시간이 지남에 따라 사물의 상태가 변해 가는 일

推定 추정

미루어 헤아려서 판정함

推進 추진

앞으로 밀고 나아감

推測 추측

미루어 헤아림

推敲 퇴고

글을 지을 때, 字句(자구)를 다듬고 고치는 일

72

打 | 타

칠

획수: **5** 부수: **手**

>>> 형성문자

扌 + 丁 (→ 丁의 전음이 음을 나타냄)

打開 타개

헤쳐 엶. 얽히거나 막혀 있는 것을 헤치거나 뚫어 냄

打擊 타격

때려 침

打鐘 타종

종을 침

打破 타파

부정적인 규율이나 관례를 깨뜨려 버림

국어 실력으로 이어지는 수(秀) 한자: 3-4급 상

强打 강타

강하게 때림

毆打 구타

때림. 두들김

73

한자자격시험 3~4급

探 | 탐

찾을

획수: **11** 부수: **手**

>>> 회의문자

扌 + 罙[深[깊을 심]의 본자]

(→ 깊은 곳을 손을 더듬어 취함의 뜻)

探問 탐문

알려지지 않은 사실이나 소식을 더듬어 찾아가 물음

探訪 탐방

탐문하기 위하여 사람이나 장소를 찾아봄

探查 탐사

더듬어 살펴 조사함

探索 탐색

더듬어 샅샅이 찾음

廉探 염탐

남몰래 사정이나 內幕(내막)을 살핌

74

한자자격시험 3~4급

擇 | 택

가릴

획수: **16** 부수: **手**

>>> 형성문자

扌 + 睪(역) (→ 睪의 전음이 음을 나타냄)

擇一 택일

여럿 중 하나를 택함

選擇 선택

골라서 뽑음

採擇 채택

골라서 씀

75
한자자격시험 3~4급

投 | 투

던질

획수: **7** 부수: **手**

>>> 형성문자

扌 + 殳(수) (→ 殳의 전음이 음을 나타냄)

投稿 투고

원고를 보냄

投機 투기

시가 변동에 따른 차익을 노려서 하는 매매 거래

投書 투서

어떤 사실의 내막이나 남의 비행을 몰래 알리려고 글을
써 보냄 또는 그 글

投身 투신

❶ 목숨을 끊기 위하여 몸을 던짐
❷ 어떤 일에 몸을 던짐

投票 투표

선거나 의결을 할 때, 유자격자가 자기 의사를 표시하는 일

投降 투항

降伏(항복)함

76

한자자격시험 3~4급

抱 | 포

안을

획수: **8** 부수: **手**

>>> 형성문자

扌 + 包(포)

抱腹絶倒 포복절도

배를 그러안고 넘어짐. '몹시 웃음'을 이름

抱負 포부

❶ 안고 지고 함

❷ 미래에 대한 계획이나 희망

抱擁 포옹

껴안음. 얼싸안음

懷抱 회포

마음속에 품은 생각

77

한자자격시험 3~4급

捕 | 포

잡을

획수: **10** 부수: **手**

>>> 형성문자

扌 + 甫(보) (→ 甫의 전음이 음을 나타냄)

捕虜 포로

전투에서 사로잡힌 적의 군사

捕縛 포박

잡아 묶음

捕獲 포획

사로잡음

生捕 생포

사로잡음

逮捕 체포

죄인이나 嫌疑者(혐의자)를 붙잡음

78
한자자격시험 3~4급
抗 | 항
겨룰
획수: **7** 부수: **手**
>>> 형성문자

扌 + 亢(항)

抗拒 항거
대항함. 맞서 버팀

抗辯 항변
상대편의 주장에 항거하여 변론함

抗議 항의
어떤 일을 부당하다고 여겨 따지거나 반대 의견을 주장함

抗戰 항전
적에 대항하여 싸움

反抗 반항
반대하여 버팀

抵抗 저항
맞서서 버팀

79
한자자격시험 3~4급
揮 | 휘
휘두를
획수: **12** 부수: **手**
>>> 형성문자

扌 + 軍(군) (→ 軍 의 전음이 음을 나타냄)

發揮 발휘
재능이나 역량 등을 떨쳐 드러냄

指揮 지휘
命令(명령)하여 사람들을 움직임

국어 실력으로 이어지는 수(秀) 한자: 3-4급 상

80

한자자격시험 5~8급

手 | 수

손

획수: **4** 부수: **手**

>>> 상형문자

手記 수기 / **手製** 수제 / **手足** 수족 / **手話** 수화 /
旗手 기수 / **名手** 명수

81

한자자격시험 5~8급

才 | 재

재주

획수: **3** 부수: **手**

>>> 지사문자

초목의 싹이 지표(地表)에 조금 나온 모양

才能 재능 / **才士** 재사 / **才色** 재색 / **才質** 재질 /
秀才 수재 / **天才** 천재

093

손톱 **조**

손톱조머리

무언가 잡으려고 하는 손을 표현한 글자이다. 爪자가 글자의 머리에 덧붙여질 때는 생략된 형태인 ㅯ로 쓰인다. 爪자 부수에 속한 한자는 주로 손을 이용한 활동과 연관된 뜻을 지닌다.

3

한자자격시험 3~4급

爲 | 위

할, 위할

획수: **12** 부수: **爪**

>>> 상형문자

어미 원숭이의 모양

爲人 위인

사람됨

爲政 위정

정치를 함

無爲徒食 무위도식

아무 하는 일 없이 먹고 놀기만 함

營爲 영위

무슨 일을 해 나감

作爲 작위

마음먹고 벌인 짓이나 行動(행동)

行爲 행위

행하는 일

4

한자자격시험 3~4급

爭 | 쟁

다툴

획수: **8** 부수: 爪

>>> 회의문자

爪[손톱] + 又[손] + ㅣ[막대기]

(→ 한 개의 막대기를 양쪽에서 서로 빼앗으려고 다투고 있는 형상)

爭點 쟁점

서로 다투는 중심점

爭取 쟁취

투쟁하여 얻음

爭奪 쟁탈

서로 다투어 빼앗음

競爭 경쟁

서로 이기려고 다툼

論爭 논쟁

말이나 글로써 다툼, 또는 그 논의

戰爭 전쟁

무력에 의한 국가 사이의 싸움

094

止

그칠 지

발을 표현한 글자이다. 윗부분은 다섯 개의 발가락을 세 개로 간략하게 나타냈고, 아랫부분은 발뒤꿈치를 나타냈다. 止자를 부수로 삼는 글자는 흔히 발과 관련되어 이뤄진 뜻을 지닌다.

2
한자자격시험 3~4급

歸 | 귀

돌아올
획수: **18** 부수: **止**

>>> 회의문자

自 + 止 + 帚

歸省 귀성
객지에 있다가 부모를 뵈러 고향에 돌아감

歸屬 귀속
재산, 권리 따위가 특정한 사람이나 단체에 속하여 그의 소유가 됨

歸順 귀순
반역하지 않고 스스로 따라오거나 복종함

歸鄕 귀향
객지에서 고향으로 돌아감, 또는 돌아옴

歸還 귀환
전쟁터, 외지 등에서 본래 있던 곳으로 돌아옴

復歸 복귀
본디의 상태나 자리로 되돌아감

歲 | 세

해

획수: **13** 부수: **止**

>>> 형성문자

步 + 戌(술) (→ 戌의 전음이 음을 나타냄)

歲暮 세모

한 해의 저물녘. 세밑

歲拜 세배

섣달그믐이나 正初(정초)에 친족이나 웃어른께 하는 인사

歲月 세월

흘러가는 시간

年歲 연세

'나이'의 높임말

武 | 무

호반

획수: **8** 부수: **止**

>>> 회의문자

止 + 戈 (→ '止(지)'는 발을 본뜬 모양으로 '가다'의 뜻. 창 [戈]을 들고 전장에 싸우러 나가다의 의미)

武器 무기

적을 치거나 막는 데 쓰는 모든 기구

武陵桃源 무릉도원

'別天地(별천지)'의 비유

武士 무사

지난날, 武道(무도)를 닦아서 武事(무사)에 종사하던 사람

武術 무술

무인으로서 갖추어야 할 여러 가지 기술

武藝 무예

무술에 관한 재주

文武 문무

文官(문관)과 武官(무관)

止血 지혈

나오는 피를 그치게 함

禁止 금지

금하여 못하게 함

防止 방지

어떤 일이 일어나지 못하도록 막음

沮止 저지

막아서 못하게 함

停止 정지

중도에서 멈추거나 그침

中止 중지

일을 중도에 멈춤

止 + 匕 [比의 생략형]

此日彼日 차일피일

이날 저 날 하고 약속, 기한을 미적미적 미루는 모양

此後 차후

이다음. 이 뒤

彼此 피차

❶ 저편과 이편

❷ 저것과 이것

❸ 서로

국어 실력으로 이어지는 수(秀) 한자: 3-4급 상

7

한자자격시험 5~8급

步 | 보

걸음

획수: **7** 부수: **止**

>>> 상형문자

좌우의 발[止]의 상형으로, '걷다'의 뜻

步道 보도 / **步行** 보행 / **踏步** 답보 / **闊步** 활보

8

한자자격시험 5~8급

正 | 정

바를, 정월

획수: **5** 부수: **止**

>>> 회의문자

一[하늘] + 止[걸음]

(→ 하늘의 천체의 운행이 정확함의 뜻. 전하여 '바름'의 뜻이
되었다)

正當 정당 / **正義** 정의 / **正直** 정직 / **正統** 정통 /
正確 정확 / **訂正** 정정

095

 발 족

 발족변

발을 표현한 글자이다. 발가락과 발뒤꿈치, 그리고 종아리 부위를 나타냈다. 왼쪽에 사용될 때는 ⻊의 형태로 약간 변한다. 足자 부수에 속하는 한자는 대개 발의 활동과 관련된 뜻을 지닌다.

9
한자자격시험 3~4급

距 | 거
떨어질
획수: **12** 부수: **足**

>>> 형성문자

足 + 巨(거)

距離 거리
❶ 두 곳 사이의 떨어진 길이
❷ 어떤 기준에서 본 차이

10
한자자격시험 3~4급

踐 | 천
밟을
획수: **15** 부수: **足**

>>> 형성문자

足 + 戔(천)

踐踏 천답
발로 짓밟음

實踐 실천
실제로 이행함

국어 실력으로 이어지는 수(秀) 한자: 3-4급 상

11
한자자격시험 5~8급

路 | 로
길
획수: **13** 부수: **足**

>>> 형성문자

足 + 各(각) (→ 各의 전음이 음을 나타냄)

路毒 노독 / **路線** 노선 / **路程** 노정 / **岐路** 기로 /
進路 진로 / **行路** 행로

12
한자자격시험 5~8급

足 | 족, 주
발, 지나칠
획수: **7** 부수: **足**

>>> 상형문자

足鎖 족쇄 / **足跡** 족적 / **駿足** 준족 / **充足** 충족 /
洽足 흡족

097

夊

천천히 걸을 **쇠**

뒤를 향한 발을 표현한 글자이다.

1

夏 | 하

여름

획수: **10** 부수: **夊**

>>> 회의문자

頁 + 臼 + 夊

(→ '頁(혈)'은 관을 쓴 사람의 머리. 臼(구)는 양손. '夊(쇠)'
는 양발. 관을 쓰고 춤추는 여름 제사의 춤의 모양에서 '여름'
의 뜻을 나타냄)

夏季 하계 / **夏服** 하복 / **立夏** 입하

疋

발 소

장딴지를 포함한 발을 표현한 글자이다.

2
한자자격시험 3~4급

疋 | 의

의심할

획수: **14** 부수: **疋**

>>> 회의문자

子 + 止 + 匕[순조롭지 않음]
(→ 아이의 걸음걸이가 위태위태한 모양)

疑問 의문

의심스러운 일

疑心 의심

믿지 못하는 마음

疑惑 의혹

의심하여 수상히 여김, 또는 그 생각

質疑 질의

의심스러운 점을 물음

嫌疑 혐의

❶ 꺼리고 싫어함
❷ 범죄를 저질렀으리라는 의심

懷疑 회의

疑心(의심)을 품음, 또는 그 의심

099

癶

걸을 **발**

앞을 향해 두 발이 걸어가는 모양을 표현한 글자이다.
왼쪽과 오른쪽에 각기 발 하나씩 나타냈다.

1

한자자격시험 3~4급

癸 | 계

열째천간

획수: **9** 부수: 癶

>>> 상형문자

선단이 세 갈래로 갈라진 창의 모양

癸時 계시

이십사시의 둘째 시
곧 0시30분~1시30분

2

한자자격시험 5~8급

登 | 등

오를

획수: **12** 부수: 癶

>>> 형성문자

癶 + 豆 (→ 豆의 전음이 음을 나타냄)

登校 등교 / **登壇** 등단 / **登山** 등산 /
登龍門 등용문 / **登場** 등장 / **登頂** 등정

국어 실력으로 이어지는 수(秀) 한자: 3-4급 상

3
한자자격시험 5~8급

發 | 발
필
획수: **12** 부수: 癶

>>> 형성문자

弓[활] + 癹(발) (→ 본래 '활을 쏘다'의 뜻이다)

發端 발단 / **發達** 발달 / **發展** 발전 / **發表** 발표 /
發揮 발휘 / **滿發** 만발

제 4 장 사람 관련 부수

손

311

100

舛

어그러질 **천**

발 하나가 아래를 향해 오른쪽으로, 또 다른 발 하나가 아래를 향해 왼쪽으로 서로 어그러져 있는 모양을 표현한 글자이다.

2
한자자격시험 3~4급

舞 | 무

춤출

획수: **14** 부수: **舛**

>>> 상형문자

사람이 장식이 붙은 소맷자락을 나풀거리며 춤추고 있는 모양

舞臺 무대
연극, 춤, 노래를 할 수 있게 마련한 곳

舞踊 무용
춤

舞姬 무희
춤을 잘 추거나, 춤추는 것을 직업으로 하는 여자

歌舞 가무
노래와 춤

群舞 군무
여러 사람이 어우러져 추는 춤

101

韋

다룬 가죽 위

일정하게 경계 그어진 지역을 발이 서로 어긋나게 돌고 있음을 표현한 글자이다.

2
한자자격시험 5~8급

韓 | 한
나라이름
획수: **17** 부수: **韋**

>>> 형성문자

韋 + 𠦝[간/𠦝의 생략형] (→ 𠦝의 전음이 음을 나타냄)

韓服 한복 / **韓屋** 한옥 / **韓牛** 한우 / **韓紙** 한지

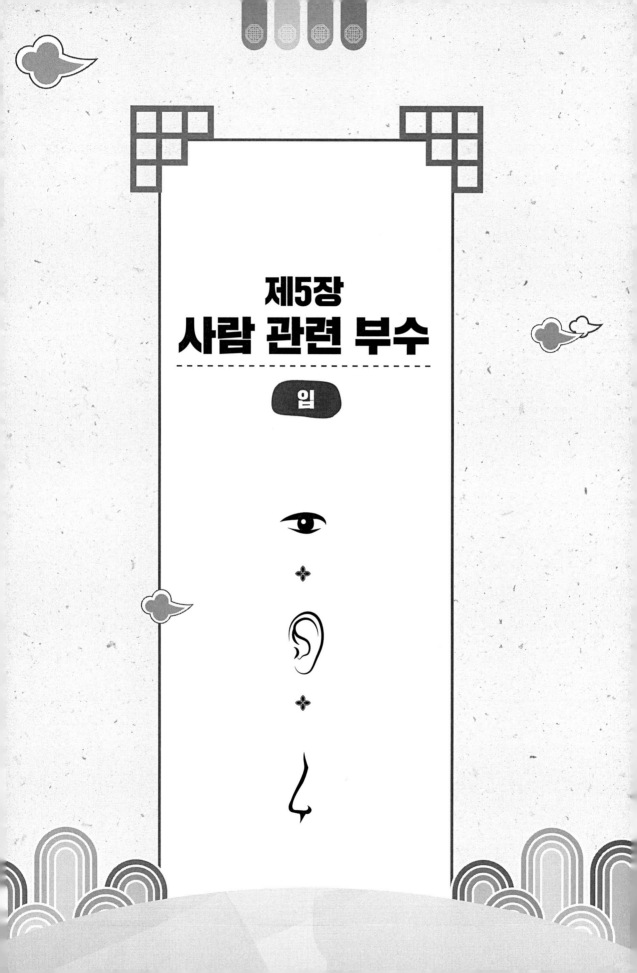

제5장
사람 관련 부수

입

口 입 구

사람의 입을 표현한 글자이다.
口자 부수에 속하는 한자는 일반적으로 입과 관련된 부위나 그 활동에서 비롯된 뜻을 지닌다.

23
한자자격시험 3~4급

可 가
옳을
획수: 5 부수: 口

>>> 형성문자

口 + 丁(정) (→ 丁의 전음이 음을 나타냄)

可決 가결
회의에서 안건이나 사항을 심의하여 가하다고 결정함

可能 가능
할 수 있거나 될 수 있음

可望 가망
될 만한 희망

可否 가부
❶ 옳음과 그름
❷ 찬성과 반대

認可 인가
인정하여 허락함

許可 허가
들어줌

24
한자자격시험 3~4급

告 고, 곡
고할, 뵙고 청할
획수: **7** 부수: **口**

>>> 회의문자

牛[소] + 口 (→ 희생으로 쓰기위해 잡은 소를 바쳐 신(神)이나 조상에 고하다의 뜻)

告白 고백
마음속에 숨기고 있던 것을 털어놓음

告訴 고소
피해자가 사건을 신고하여 범인의 訴追(소추)를 요구함

告示 고시
관청에서 국민들에게 알릴 것을 글로 써서 揭示(게시)함

警告 경고
조심하라고 알림

報告 보고
주어진 임무에 대하여 그 결과나 내용을 말이나 글로 알림

布告 포고
국가의 결정 의사를 국민에게 발표하는 일

25
한자자격시험 3~4급

句 구
글귀
획수: **5** 부수: **口**

>>> 회의문자

勹[굽은 모양] + 口[말] (→ 문장이나 글귀의 뜻)

句節 구절
긴 글의 한 부분인 한 토막의 말이나 글

警句 경구
사상이나 진리를 간결하고도 날카롭게 나타낸 文句(문구)

詩句 시구
시의 구절

語句 어구

말의 구절

字句 자구

글자와 글귀

26
한자자격시험 3~4급

君 | 군

임금

획수: **7** 부수: **口**

>>> 회의문자

尹 + 口 (→ 호령하여 사람을 다스림의 뜻)

君師父一體 군사부일체

임금과 스승과 아버지의 은혜는 다 같다는 뜻

君臣有義 군신유의

五倫(오륜)의 하나로, '임금과 신하 사이에는 의리가 있어야 함'을 이름

君爲臣綱 군위신강

三綱(삼강)의 하나로, '임금은 신하의 벼리가 되어야 함'을 이름

君子 군자

❶ 덕행이 높은 사람
❷ 마음이 착하고 무던한 사람

君主 군주

임금

暴君 폭군

포악한 임금

27 한자자격시험 3~4급

器 | 기
그릇

획수: **16** 부수: **口**

>>> 회의문자

개고기를 네 개의 접시에 쌓아 올린 모양
전하여, 그릇의 뜻

器官 기관
생물체를 이루는 한 부분

器具 기구
세간, 그릇, 연장의 총칭

器量 기량
사람의 재능과 도량

容器 용기
물건을 담는 그릇

祭器 제기
제사 때 쓰는 그릇

28 한자자격시험 3~4급

吉 | 길
길할

획수: **6** 부수: **口**

>>> 회의문자

口 + 士[선비]
(→ 훌륭한 사람이 하는 말은 모두가 훌륭하다는 뜻)

吉夢 길몽
좋은 일이 생길 징조가 되는 꿈

吉日 길일
길한 날. 좋은 날

吉兆 길조
운수가 좋을 조짐

吉凶 길흉
좋은 일과 언짢은 일. 행복과 재앙

單 | 단, 선
홑, 오랑캐 임금
획수: **12** 부수: **口**

>>> 상형문자

끝이 두 갈래인 사냥도구인 활의 일종(一種)의 상형
가차하여 '홑'의 뜻으로 쓰인다

單刀直入 단도직입
❶ 혼자서 칼을 휘두르며 곧장 적진으로 쳐들어감
❷ 여러 말을 늘어놓지 않고 요지를 곧바로 말함

單獨 단독
❶ 혼자
❷ 단 하나

單純 단순
구조, 형식 등이 간단함

單位 단위
길이, 넓이, 무게 등을 數値(수치)로 나타내기 위하여 정해
놓은 기준

單任 단임
일정 기간 동안 한 차례만 맡음

簡單 간단
까다롭지 않고 단순함

吏 | 리
관리
획수: **6** 부수: **口**

>>> 회의문자

一 + 史[공적인 기록을 적는 사람]
(→ 관리는 일심으로 일하는 사람이라는 뜻)

吏讀 이두
삼국 시대부터 한자의 음과 뜻을 빌려서 우리말을 표기하
는 데 쓰인 문자

官吏 관리

관직에 있는 사람

汚吏 오리

청렴하지 못한 관리

31
한자자격시험 3~4급

味 | 미

맛

획수: **8** 부수: 口

>>> 형성문자

口 + 未(미)

味覺 미각

맛을 느끼는 감각

意味 의미

말이나 글 따위가 지니는 뜻

眞味 진미

음식의 참맛

趣味 취미

마음에 끌리어 일정한 지향성을 가지는 흥미

興味 흥미

대상에 이끌려 관심을 가지는 감정

32
한자자격시험 3~4급

否 | 부, 비

아닐, 막힐

획수: **7** 부수: 口

>>> 회의문자

口 + 不[부정의 뜻]

否決 부결

회의에서 議案(의안)을 승인하지 않기로 결정함

否認 부인

옳다고 認定(인정)하지 아니함

否定 부정

그렇지 않다고 함. 그렇다고 인정하지 아니함

可否 가부

❶ 옳음과 그름
❷ 表決(표결)에서의 찬성과 반대

拒否 거부

어떤 사실을 承諾(승낙)하지 않음

安否 안부

❶ 편안함과 편안하지 아니함
❷ 편안 여부를 묻는 인사

33
한자자격시험 3~4급

司 | 사

맡을
획수: **5** 부수: **口**

>>> 회의문자

刀 + 口 (→ '刀(사)'는 사람의 뜻이라고도 하고, 제사의 기(旗)의 뜻이라고도 함. '口(구)'는 기도하는 말의 뜻. 신의 뜻을 여쭈어 제사를 담당한다는 뜻에서 '맡다'의 뜻이 나왔다)

司法 사법

법을 적용하는 국가의 행위

司書 사서

圖書館(도서관)에서 도서의 정리, 보존, 열람을 맡아보는 직위, 또는 그 직위에 있는 사람

司正 사정

공직에 있는 사람의 규율과 질서를 바로 잡는 일

司會 사회

회의나 예식의 진행을 맡아봄 또는 그 사람

上司 상사

위 등급의 관아나 기관, 또는 계급이 자기보다 위인 사람

34
한자자격시험 3~4급

史 | 사

역사

획수: **5** 부수: ☐

>>> 회의문자

中 + 又[손] (→ 기록은 공평하지 않으면 안 되기 때문에 손에 중정(中正)을 가진다는 뜻)

史官 사관

지난날, 역사를 기록하던 관리

史料 사료

역사 연구와 편찬에 필요한 자료

史蹟 사적

역사상으로 남아 있는 사물의 자취

歷史 역사

인류 사회의 변천과 흥망의 과정, 또는 그 기록

野史 야사

민간에서 사사로이 기록한 역사

正史 정사

정확한 사실을 바탕으로 편찬한 역사

35
한자자격시험 3~4급

商 | 상

장사

획수: **11** 부수: ☐

>>> 형성문자

內 + 章(장)의 생략형

(→ 章의 생략형의 전음이 음을 나타냄)

商圈 상권

상업상의 세력권

商業 상업

상품을 팔아 이익을 얻기 위한 사업

商標 상표

상품의 표지

商品 상품

판매를 위해 유통되는 생산물

通商 통상

나라 사이에 서로 교통하며 상업을 함

行商 행상

돌아다니면서 물건을 팖, 또는 그러한 상인

36
한자자격시험 3~4급

喪 | 상

죽을, 잃을

획수: **12** 부수: 口

>>> 회의문자

哭[울다] + 亡[망하다] (→ 사람이 죽어 울며 슬퍼함의 뜻)

喪家 상가

초상난 집

喪服 상복

상제로 있는 동안 입는 예복

喪失 상실

잃어버림

喪心 상심

근심, 걱정으로 마음이 산란하고 맥이 빠짐

問喪 문상

남의 죽음에 대하여 애도의 뜻을 표함

初喪 초상

사람이 죽어서 장사 지낼 때까지의 일

37

한자자격시험 3~4급

善 | 선

착할, 옳게여길

획수: **12** 부수: **口**

>>> 회의문자

言[말] + 羊[양]

(→ 羊은 '좋다'의 의미. 경사스러운 말의 뜻)

善惡 선악

착함과 악함

善行 선행

착한 행실

獨善 독선

자기만이 옳다고 생각하며 행동함

僞善 위선

겉으로만 착한 체함

親善 친선

친밀하고 사이가 좋음

善男善女 선남선녀

❶ 착하고 어진 남자와 여자

❷ 불교에 歸依(귀의)한 남자와 여자

38

한자자격시험 3~4급

哀 | 애

슬플

획수: **9** 부수: **口**

>>> 형성문자

口 + 衣(의) (→ 衣의 전음이 음을 나타냄)

哀乞 애걸

애처롭게 사정하여 빎

哀悼 애도

사람의 죽음을 슬퍼함

哀願 애원

애처롭게 간절히 바람

哀切 애절

몹시 애처롭고 슬픔

哀歡 애환

슬픔과 기쁨

悲哀 비애

슬픔과 설움

39
한자자격시험 3~4급

嚴 | 엄

엄할

획수: **20** 부수: **口**

>>> 형성문자

口口 + 厰(감) (→ 厰의 전음이 음을 나타냄)

嚴格 엄격

매우 엄함

嚴冬 엄동

혹독하게 추운 겨울

嚴命 엄명

엄하게 명령함, 또는 그 명령

嚴正 엄정

엄격하고 공정함

謹嚴 근엄

점잖고 엄함

국어 실력으로 이어지는 수(秀) 한자: 3-4급 상

威嚴 위엄

의젓하고 엄숙함, 또는 그러한 태도나 기세

40

한자자격시험 3~4급

吾 | 오

나

획수: **7** 부수: **口**

>>> 형성문자

口 + 五(오)

吾等 오등

우리들

41

한자자격시험 3~4급

員 | 원

인원

획수: **10** 부수: **口**

>>> 회의문자

貝 + 口

(→ '貝(패)'는 세발솥의 상형. '口(구)'는 둥글다는 의미. 둥근 솥의 뜻에서 파생하여 물건의 수효의 뜻을 나타냄)

減員 감원

인원을 줄임

缺員 결원

定員(정원)에 모자람 또는 모자라는 인원

官員 관원

벼슬아치

滿員 만원

정한 인원이 다 참

人員 인원

사람의 수

定員 정원

일정한 규칙에 따라 정해진 인원

唯 | 유

오직, 대답할

획수: **11** 부수: **口**

>>> 형성문자

口 + 隹(추) (→ 隹의 전음이 음을 나타냄)

唯物 유물

오직 물질만이 존재한다고 생각하는 일

唯我獨尊 유아독존

이 세상에서 오직 나만 홀로 높음

'자기 혼자만 잘난체하는 태도'를 이름

唯一 유일

오직 하나밖에 없음

吟 | 음

읊을

획수: **7** 부수: **口**

>>> 형성문자

口 + 今(금) (→ 今의 전음이 음을 나타냄)

吟味 음미

❶ 詩(시)나 노래를 읊어 깊은 뜻을 맛봄
❷ 사물의 의미를 새겨 궁구함

吟風弄月 음풍농월

맑은 바람을 쐬며 시를 읊고 밝은 달을 즐김

'아름다운 자연의 경치를 시로 읊고 즐김'을 이름

哉 | 재

어조사

획수: **9** 부수: **口**

>>> 형성문자

口 + 戋(재)

嗚呼痛哉 오호통재

아, 슬프도다

45

한자자격시험 3~4급

周 | 주

두루

획수: **8** 부수: 口

>>> 회의문자

用[쓸 용] + 口 (→ 말을 하는 데는 조심해야 한다는 뜻)

周到 주도

注意(주의)가 두루 미쳐 빈틈없이 찬찬함

周邊 주변

둘레의 언저리

周圍 주위

❶ 둘레. 四方(사방)

❷ 사람, 사물을 둘러싸고 있는 환경

周知 주지

두루 앎. 널리 앎

一周 일주

한 바퀴를 돎 또는 그 한 바퀴

46

한자자격시험 3~4급

只 | 지

다만

획수: **5** 부수: 口

>>> 회의문자

口 + 八

(→ 八은 기(氣)가 아래로 내려가는 것. 본래 말이 끝났다는 것을 표시하는 어조사였는데 '다만'의 뜻으로 가차되었다)

只今 지금

❶ 이제. 현재

❷ 바로 이 시간

但只 단지

다만. 겨우

47

한자자격시험 3~4급

唱 | 창
노래
획수: **11** 부수: **口**

>>> 형성문자

口 + 昌(창)

唱劇 창극
판소리와 창을 중심으로 꾸민 歌劇(가극)

愛唱 애창
노래를 즐겨 부름

齊唱 제창
여럿이 한목에 소리 내어 부름

主唱 주창
주의나 주장을 앞장서서 부르짖음

한자자격시험 3~4급

哲 | 철
밝을
획수: **10** 부수: **口**

>>> 형성문자

口 + 折(절) (→ 折의 전음이 음을 나타냄)

哲人 철인
학식이 높고 사리에 밝은 사람

哲學 철학
인생, 세계, 지식에 관한 근본 원리를 연구하는 학문

明哲 명철
세태나 사리에 밝음

한자자격시험 3~4급

吹 | 취
불
획수: **7** 부수: **口**

>>> 회의문자

口 + 欠[숨을 내쉼] (→ 크게 숨을 내쉼의 뜻)

吹奏 취주
피리, 나팔 따위를 입으로 불어 연주함

국어 실력으로 이어지는 수(秀) 한자: 3-4급 상

鼓吹 고취

❶ 북을 치고 피리를 붊
❷ 용기와 기운을 북돋우어 일으킴

口 + 土(토)

50
한자자격시험 3~4급

吐 | 토
토할
획수: **6** 부수: 口

>>> 형성문자

吐露 토로

속마음을 드러내어 말함

嘔吐 구토

먹은 음식물을 게움. 구역질

實吐 실토

거짓말을 섞지 않고 사실대로 말함

戌 + 口

51
한자자격시험 3~4급

咸 | 함
다
획수: **9** 부수: 口

>>> 회의문자

咸告 함고

죄다 고함

咸興差使 함흥차사

함흥으로 보낸 차사
심부름을 가서 아주 소식이 없거나 더디 올 때에 이름

52 한자자격시험 3~4급

呼 | 호

부를

획수: **8** 부수: 口

>>> 형성문자

口 + 乎(호)

呼名 호명

이름을 부름

呼出 호출

불러냄

呼稱 호칭

불러 일컬음. 이름 지어 부름

呼吸 호흡

숨을 내쉼과 들이쉼

點呼 점호

일일이 이름을 불러 인원을 확인함

歡呼 환호

기쁘고 반가워서 큰 소리로 부르짖음

53 한자자격시험 3~4급

吸 | 흡

숨들이쉴

획수: **7** 부수: 口

>>> 형성문자

口 + 及(급) (→ 及의 전음이 음을 나타냄)

吸收 흡수

빨아들임

吸煙 흡연

담배를 피움

吸入 흡입

빨아들임

呼吸 호흡

숨을 내쉼과 들이쉼

국어 실력으로 이어지는 수(秀) 한자: 3-4급 상

54
한자자격시험 3~4급

喜 | 희

기쁠

획수: **12** 부수: **口**

>>> 회의문자

口 + 효[악기]
(→ 음악을 들으며 입을 벌려 좋아하며 웃음의 뜻)

喜劇 희극

익살과 풍자로 인생의 진실을 명랑하고 경쾌한 측면에서 표현하는 연극

喜怒哀樂 희로애락

기쁨과 노여움과 슬픔과 즐거움. '사람의 온갖 감정'을 이름

喜悲 희비

기쁨과 슬픔

喜悅 희열

기쁨과 즐거움

喜喜樂樂 희희낙락

매우 기뻐하고 즐거워함

歡喜 환희

즐겁고 기쁨

55
한자자격시험 5~8급

各 | 각

각각

획수: **6** 부수: **口**

>>> 회의문자

口 + 各[반대함]
(→ 사람들이 하는 말이 서로 맞지 않는다는 뜻)

各界 각계 / **各別** 각별 / **各樣各色** 각양각색 /
各自 각자 / **各種** 각종

十(십) + 口(구) (→ 10세대에 걸쳐 내려온 옛 말이라는 뜻)

古今 고금 / **古來** 고래 / **古蹟** 고적 / **古稀** 고희 /
考古 고고 / **懷古** 회고

사람의 입모양을 그린 것

口腔 구강 / **口頭** 구두 / **口尙乳臭** 구상유취 /
口傳 구전 / **人口** 인구 / **入口** 입구

口 + 凡(범) (→ 본래 모인다는 뜻)

同感 동감 / **同苦同樂** 동고동락 /
同病相憐 동병상련 / **同床異夢** 동상이몽 /
同情 동정 / **混同** 혼동

59
한자자격시험 5~8급

名 | 명
이름

획수: **6** 부수: **口**

>>> 회의문자

夕[저녁] + 口 (→ 저녁이 되어 어두우면 자기 이름을 말해서 알린다는 의미)

名目 명목 / **名分** 명분 / **名聲** 명성 /
名實相符 명실상부 / **名譽** 명예 / **命名** 명명

60
한자자격시험 5~8급

命 | 명
목숨

획수: **8** 부수: **口**

>>> 회의문자

口 + 令[하여금 령] (→ 입으로 명령을 내림의 뜻. 가차하여 '목숨'이라는 뜻으로도 쓰인다)

命令 명령 / **命在頃刻** 명재경각 / **命題** 명제 /
壽命 수명 / **運命** 운명

61
한자자격시험 5~8급

問 | 문
물을

획수: **11** 부수: **口**

>>> 형성문자

口 + 門(문)

問答 문답 / **問安** 문안 / **問題** 문제 / **問責** 문책 /
訪問 방문 / **質問** 질문

ナ가 오른손의 모양. 口가 더해져 손과 입이 서로 조력(助力)함의 의미

右腕 우완 / **右往左往** 우왕좌왕 / **右側** 우측

口[입 구] 세 개로 많은 사람의 뜻을 나타냄

品格 품격 / **品位** 품위 / **品質** 품질 / **品評** 품평 /
品行 품행 / **性品** 성품

스 + 口 (→ '스(집)'은 뚜껑의 상형. '口(구)'는 그릇의 상형. 그릇에 뚜껑을 덮다에서 합치다의 의미를 나타냄)

合格 합격 / **合同** 합동 / **合法** 합법 / **合意** 합의 /
合議 합의 / **保合** 보합

국어 실력으로 이어지는 수(秀) 한자: 3-4급 상

집의 북쪽 창의 상형. 전하여 '향하다'의 의미가 됨

向方 향방 / **向上** 향상 / **向學** 향학 / **傾向** 경향 / **意向** 의향 / **趣向** 취향

口 + 禾(화)

和答 화답 / **和而不同** 화이부동 / **和合** 화합 / **和解** 화해 / **講和** 강화 / **融和** 융화

曰

가로 **왈**

입을 열어 말하는 모양을 나타냄.

한자자격시험 3~4급

更 | 경, 갱
고칠, 다시
획수: **7** 부수: **曰**

>>> 형성문자

攴 + 丙(병) (→ 丙의 전음이 음을 나타냄)

更生 갱생

❶ 죽을 지경에서 다시 살아남. 소생함
❷ 죄악에서 벗어나 바른 삶을 찾음

更新 갱신/경신

❶ 다시 새로워짐. 다시 새롭게 함
❷ 고쳐 새롭게 함. 새롭게 고침

更迭 경질

현직의 사람을 갈아 내고 다른 사람으로 바꿔 임용함

變更 변경

바꾸어 고침

한자자격시험 3~4급

曲 | 곡
굽을
획수: **6** 부수: **曰**

>>> 상형문자

물건이 꼬불 꼬불 굽은 모양을 본뜬 글자

曲線 곡선

구부러진 선

曲藝 곡예

곡마, 요술 따위 신기한 재주를 부리는 연예

曲調 곡조

가사나 음악의 가락

曲學阿世 곡학아세

그릇된 학문으로 세상에 아부함

曲解 곡해

사실과 어긋나게 잘못 이해함

懇曲 간곡

간절하고 曲盡(곡진)함

5

한자자격시험 3~4급

曰 | 왈

가로

획수: **4** 부수: **曰**

>>> 지사문자

말이 입[口(구)]에서 나오는[一] 것을 표시한 것

曰可曰否 왈가왈부

어떤 일에 대하여 옳으니 그르니 함

6

한자자격시험 3~4급

曾 | 증

일찍

획수: **12** 부수: **曰**

>>> 회의문자

八 + 田[밭] + 曰

曾孫 증손

아들의 손자

曾祖 증조

아버지의 할아버지

未曾有 미증유

일찍이 없었음. '前例(전례)가 없음'을 이름

7

한자자격시험 3~4급

最 | 최

가장

획수: **12** 부수: **曰**

>>> 회의문자

曰 + 取

最强 최강

가장 강함

最高 최고

가장 높음

最近 최근

얼마 안 되는 지나간 날

最新 최신

가장 새로움

最終 최종

맨 나중

最初 최초

맨 처음

8

한자자격시험 5~8급

書 | 서

글

획수: **10** 부수: **曰**

>>> 형성문자

聿[붓] + 者(자) (→ 者의 생략형의 전음이 음을 나타냄)

書架 서가 / **書類** 서류 / **書齋** 서재 / **書籍** 서적 /
書體 서체 / **良書** 양서

9

한자자격시험 5~8급

會 | 회

모을

획수: **13** 부수: **曰**

>>> 상형문자

會見 회견 / **會談** 회담 / **會同** 회동 /
會者定離 회자정리 / **機會** 기회 / **再會** 재회

국어 실력으로 이어지는 수(秀) 한자: 3-4급 상

달 감

입속에 무언가 머금고 있는 형상을 표현한 글자이다.

104

1

한자자격시험 3~4급

甘 | 감

달

획수: **5** 부수: **甘**

>>> 지사문자

입 속에 무엇을 물고 있는 모양

甘受 감수

달게 받음. 쾌히 받음

甘言利說 감언이설

남의 비위에 맞도록 꾸민 말과 이로운 조건을 내세워 꾀는 말

甘酒 감주

단술

甘呑苦吐 감탄고토

달면 삼키고 쓰면 뱉음

'제 비위에 맞으면 좋아하고 틀리면 싫어함'을 이름

苦盡甘來 고진감래

괴로운 일이 지나면 즐거운 일이 다가옴

甚 | 심

심할

획수: **9** 부수: **甘**

>>> 회의문자

甘 + 匹[짝 필] (→ 남녀가 짝을 이루어 즐겁다는 뜻)

甚難 심난

매우 어려움

極甚 극심

아주 심함

深甚 심심

매우 깊음

105

舌

혀 **설**

입 밖으로 내민 혀를 표현한 글자로 보인다.

2

한자자격시험 3~4급

舍 | 사

집, 쉴

획수: **8**　부수: **舌**

>>> 상형문자

지붕과 토대를 그린 집의 모양. 놓음의 뜻이 된다

舍監 사감

기숙사에서 기숙생들의 생활을 감독하는 사람

不舍晝夜 불사주야

밤낮으로 쉬지 아니함. 종일 쉬지 아니함

校舍 교사

학교의 건물

驛舍 역사

역으로 쓰는 건물

3

한자자격시험 3~4급

舌 | 설

혀

획수: **6**　부수: **舌**

>>> 상형문자

舌戰 설전

말다툼. 말씨름

舌禍 설화

❶ 말의 내용 때문에 입게 되는 화

❷ 남의 중상, 험담 때문에 입게 되는 화

제 5 장　사람 관련 부수

입

343

口舌 구설

시비하거나 헐뜯는 말

毒舌 독설

독살스럽게 하는 말

長廣舌 장광설

❶ 길고 줄기차게 잘 늘어놓는 말솜씨
❷ 쓸데없이 너저분하게 지껄이는 말

106

言

말씀 언

말을 하는 입[口]과 혀를 표현한 글자이다.
言자 부수에 속하는 한자는 일반적으로 입의 역할이나 언어활동
과 관련된 뜻을 지닌다.

33
한자자격시험 3~4급

講 | 강
익힐
획수: **17** 부수: **言**

>>> 형성문자

言 + 冓(구)

講讀 강독
글을 읽으면서 그 뜻을 밝힘

講論 강론
어떤 문제를 해설하여 토론함

講義 강의
글이나 학설의 뜻을 설명하여 가르침

講座 강좌
대학에서 교수가 맡아 강의하는 학과목

開講 개강
강의나 강좌를 시작함

受講 수강
강의를 받음

警 | 경

경계할

획수: **20** 부수: **言**

>>> 형성문자

言 + 敬(경)

警戒 경계

잘못되는 일이 생기지 않도록 미리 마음을 가다듬어 조심함

警告 경고

조심하라고 경계하여 알림

警報 경보

위험에 대하여 경계하도록 사전에 알리는 일

警備 경비

경계하고 방비함

軍警 군경

군대와 경찰

課 | 과

과할

획수: **15** 부수: **言**

>>> 형성문자

言 + 果(과)

課稅 과세

세금을 매김

課業 과업

❶ 주어진 일
❷ 정하여 놓은 업무나 학업

課外 과외

규정된 교육 과정 밖

課題 과제

주어진 문제나 임무

賦課 부과

세금이나 물릴 돈을 매겨서 부담하게 함

日課 일과

날마다 규칙적으로 하는 일정한 일

36
한자자격시험 3~4급

謹 | 근

삼갈

획수: **18** 부수: **言**

>>> 형성문자

言 + 堇(근)

謹愼 근신

언행을 삼가고 조심함

謹嚴 근엄

매우 점잖고 엄함

謹弔 근조

삼가 哀悼(애도)를 표함

37
한자자격시험 3~4급

談 | 담

말씀

획수: **15** 부수: **言**

>>> 형성문자

言 + 炎(염) (→ 炎의 전음이 음을 나타냄)

談笑 담소

웃으면서 이야기함

談判 담판

시비를 가리거나 결말을 짓기 위해 당사자들이 서로 논의함

談話 담화

어떤 일에 대한 의견이나 태도를 밝히는 말

美談 미담

갸륵한 行動(행동)에 대한 이야기

會談 회담

여럿이 모여 의논함

38

한자자격시험 3~4급

論 | 론

논의할

획수: **15** 부수: **言**

>>> 형성문자

言 + 侖(륜) (→ 侖의 전음이 음을 나타냄)

論功行賞 논공행상

공을 논하여 상을 줌

論文 논문

❶ 자기의 의견, 주장, 견해 등을 논술한 글
❷ 연구 결과나 업적을 발표하는 글

論議 논의

서로 의견을 말하여 討議(토의)함

論評 논평

논하면서 비평함

與論 여론

대중의 공통된 의견

持論 지론

늘 주장하는 이론

국어 실력으로 이어지는 수(秀) 한자: 3-4급 상

39
한자자격시험 3~4급
訪 ㅣ 방
찾을
획수: **11** 부수: **言**
>>> 형성문자

言 + 方(방)

訪問 방문
남을 찾아봄

來訪 내방
손님이 찾아옴

巡訪 순방
차례로 방문함

探訪 탐방
어떤 사람이나 장소를 探問(탐문)하여 찾아봄

40
한자자격시험 3~4급
變 ㅣ 변
변할
획수: **23** 부수: **言**
>>> 회의문자

䜌 + 攵 (→ '䜌(련)'은 '계속하다'의 뜻. 연속된 것을 잘라서
바꾸다의 뜻)

變更 변경
바꾸어 고침

變動 변동
변하여 움직임

變革 변혁
사회, 제도 등을 근본적으로 바꿈

變化 변화
사물의 형상이나 성질 같은 것이 달라짐

逢變 봉변
뜻밖에 화를 당함

事變 사변

❶ 天災(천재)나 그 밖의 큰 변고

❷ 나라의 중대한 사태나 난리

41
한자자격시험 3~4급

譜 | 보
계보
획수: **19** 부수: **言**

>>> 형성문자

言 + 普(보)

譜牒 보첩
족보로 만든 책

譜學 보학
족보를 연구하는 학문

族譜 족보
집안의 계통과 혈통 관계 등을 적어 놓은 책

42
한자자격시험 3~4급

詐 | 사
속일
획수: **12** 부수: **言**

>>> 형성문자

言 + 乍(사)

詐欺 사기
남을 속임

詐稱 사칭
성명, 관직 등을 속여 일컬음

43
한자자격시험 3~4급

謝 | 사
사례할
획수: **17** 부수: **言**

>>> 형성문자

言 + 射(사)

謝禮 사례
고마운 뜻을 상대에게 나타냄, 또는 그 인사

국어 실력으로 이어지는 수(秀) 한자: 3-4급 상

謝意 사의

❶ 감사하는 뜻

❷ 사과하는 마음

謝絕 사절

요구를 받아들이지 않고 물리침. 거절함

謝罪 사죄

지은 죄나 잘못에 대하여 용서를 빎

感謝 감사

고마움을 나타내는 인사

厚謝 후사

후하게 사례함

44

한자자격시험 3~4급

設 | 설

베풀

획수: **11** 부수: **言**

>>> 회의문자

言 + 殳[시킴] (→ 지시하여 물건을 늘어놓게 함의 뜻)

設計 설계

계획을 세움

設立 설립

베풀어 세움

設定 설정

새로 만들어 정함

附設 부설

딸리어 설치함

增設 증설

늘려 설치함

351

| 45 한자자격시험 3~4급 **說** 설, 세, 열 말씀, 달랠, 기쁠 획수: **14** 부수: **言** >>> 형성문자 |

言 + 兌(태) (→ 兌의 전음이 음을 나타냄)

說明 설명

풀이하여 밝힘

說往說來 설왕설래

서로 말이 오고가며 옥신각신하는 일

說話 설화

한 민족 사이에 전승되어 온 이야기의 총칭

說樂 열락

기쁘고 즐거움

解說 해설

풀어서 설명함

遊說 유세

여러 곳을 돌아다니면서 자기 또는 자기 政黨(정당)의 주장을 설명하고 선전함

| 46 한자자격시험 3~4급 **誠** 성 정성 획수: **14** 부수: **言** >>> 형성문자 |

言 + 成(성)

誠金 성금

정성으로 내는 돈

誠實 성실

정성스럽고 참되어 거짓이 없음

誠意 성의

정성스러운 뜻

精誠 정성

참되고 성실함

忠誠 충성

진심에서 우러나는 정성

47
한자자격시험 3~4급

訟 | 송

송사할

획수: **11** 부수: **言**

>>> 형성문자

言 + 公(공) (→ 公의 전음이 음을 나타냄)

訟事 송사

소송하는 일

訴訟 소송

법률상의 판결을 법원에 청구하는 일, 또는 그 절차

48
한자자격시험 3~4급

誰 | 수

누구

획수: **15** 부수: **言**

>>> 형성문자

言 + 隹(추) (→ 隹의 전음이 음을 나타냄)

誰怨誰咎 수원수구

누구를 원망하며 누구를 탓하랴

'남을 원망하거나 탓할 것이 없음'을 이름

49
한자자격시험 3~4급

試 | 시

시험할

획수: **13** 부수: **言**

>>> 형성문자

言 + 式(식) (→ 式의 전음이 음을 나타냄)

試金石 시금석

❶ 金(금)의 품질을 시험하는 돌

❷ 가치, 능력 등을 시험해 알아보는 기회나 사물

353

試鍊 시련

❶ 시험하고 단련함

❷ 겪기 어려운 고난

試乘 시승

시험 삼아 타 봄

試驗 시험

문제를 내거나 실제로 시켜서 지식을 알아봄

入試 입시

入學(입학)하기 위하여 치르는 시험

50
한자자격시험 3~4급

識 | 식, 지

알, 기록할

획수: **19** 부수: **言**

>>> 형성문자

言 + 戠(시) (→ 戠의 전음이 음을 나타냄)

識別 식별

잘 알아서 분별함

識者 식자

학식, 견식이 있는 사람

識字憂患 식자우환

글자를 좀 아는 것이 도리어 근심이 됨

博識 박식

아는 것이 많음

學識 학식

학문과 식견

標識 표지

다른 것과 구별하여 알게 하기 위한 표시나 특징

51

한자자격시험 3~4급

讓 | 양

사양할

획수: **24** 부수: **言**

>>> 형성문자

言 + 襄(양)

讓渡 양도
권리, 이익 따위를 남에게 넘겨줌

讓步 양보
남에게 길을 비켜 주거나 자리를 내줌

謙讓 겸양
겸손하게 사양함

辭讓 사양
자기에게 이로운 일을 겸손히 謝絶(사절)하거나 양보함

52

한자자격시험 3~4급

誤 | 오

그르칠

획수: **14** 부수: **言**

>>> 형성문자

言 + 吳(오)

誤謬 오류
그릇된 일. 잘못

誤譯 오역
잘못 번역함

誤診 오진
잘못 진단함

誤解 오해
뜻을 잘못 이해함

過誤 과오
허물. 잘못

錯誤 착오
착각으로 인한 잘못

53
한자격시험 3~4급

謠 | 요

노래

획수: **17** 부수: **言**

>>> 형성문자

言 + 名(요)

歌謠 가요

민요, 동요, 속요, 유행가 등의 총칭

童謠 동요

어린이들을 위하여 지은 노래

民謠 민요

민중 사이에서 불리고 있는 전통적인 노래

54
한자격시험 3~4급

議 | 의

의논할

획수: **20** 부수: **言**

>>> 형성문자

言 + 義(의)

議決 의결

합의에 의하여 의안에 대한 의사를 결정하는 일

議題 의제

회의에서 협의할 문제

議員 의원

議決權(의결권)을 가진, 합의 기관의 구성원

異議 이의

의견, 주장을 남과 달리함, 또는 그 의견이나 주장

抗議 항의

부당하다고 여겨지는 일에 대하여 따지거나 반대하는 뜻
을 주장함

국어 실력으로 이어지는 수(秀) 한자: 3-4급 상

55

한자자격시험 3~4급

認 | 인
알
획수: **14** 부수: **言**

>>> 형성문자

言 + 忍(인)

認識 인식
사물을 분별하고 판단하여 아는 마음의 작용

認定 인정
옳다고 믿고 정함

認知 인지
앎

否認 부인
인정하지 아니함

承認 승인
옳다고 認定(인정)하여 허락함

是認 시인
옳다고 인정함

56

한자자격시험 3~4급

訂 | 정
바로잡을
획수: **9** 부수: **言**

>>> 형성문자

言 + 丁(정)

訂正 정정
글씨, 말 등의 틀린 곳을 고쳐서 바로잡음

改訂 개정
고쳐서 바로잡음

修訂 수정
책 등의 잘못을 고쳐 바로잡음

357

57 한자자격시험 3~4급 **諸 | 제** 모든 획수: **16** 부수: **言** >>> 형성문자	言 + 者(자) (→ 者의 전음이 음을 나타냄) **諸君** 제군 자네들. 여러분 **諸般** 제반 여러 가지 **諸行無常** 제행무상 우주 만물은 늘 돌고 변해 잠시도 한 모양으로 머묾이 없음 **諸侯** 제후 봉건 시대에 천자 밑에서 일정한 영토를 가지고 領內(영내) 의 백성을 지배하던 사람
58 한자자격시험 3~4급 **調 | 조, 주** 고를, 아침 획수: **15** 부수: **言** >>> 형성문자	言 + 周(주) **調理** 조리 ❶ 몸을 보살피고 병을 다스림 ❷ 음식을 만듦 **調査** 조사 살펴서 알아봄 **調節** 조절 사물을 알맞게 맞추어 잘 어울리도록 함 **調停** 조정 틀어진 사이를 중간에 들어서 和解(화해)시키는 일 **調和** 조화 서로 고르게 잘 어울림

曲調 곡조

음악이나 가사의 가락

59
한자자격시험 3~4급

證 | 증
증거
획수: **19** 부수: **言**

>>> 형성문자

言 + 登(등) (→ 登의 전음이 음을 나타냄)

證據 증거

사실을 증명할 만한 근거나 표적

證明 증명

어떤 사물의 진상을 증거를 들어 밝힘

證書 증서

어떤 사실을 증명하는 文書(문서)

證人 증인

어떤 사실을 證明(증명)하는 사람

考證 고증

옛 문헌이나 유물 등을 상고하여 증거를 대어 설명함

僞證 위증

❶ 증인이 법원에서 허위 진술을 함
❷ 거짓 증거

60
한자자격시험 3~4급

誌 | 지
기록할
획수: **14** 부수: **言**

>>> 형성문자

言 + 志(지)

誌面 지면

신문 따위 인쇄물의 기사가 실린 종이의 면

359

日誌 일지

그날그날의 직무상의 기록을 적은 책

雜誌 잡지

다양한 내용을 담은 정기 간행물

請 | 청

청할

획수: **15** 부수: **言**

>>> 형성문자

言 + 靑(청)

請求 청구

무엇을 달라고 하거나, 무엇을 해달라고 요구함

請願 청원

바라는 바를 들어 달라고 청함

請牒 청첩

慶事(경사)에 손님을 초청하는 글발

請託 청탁

청하여 부탁함

懇請 간청

간곡히 청함

要請 요청

어떤 일을 해 달라고 청함

62 한자자격시험 3~4급

討 | 토

칠

획수: **10** 부수: **言**

>>> 회의문자

言 + 寸[법도]

(→ 법에 의하여 어지러움을 바르게 다스림의 뜻)

討論 토론
여러 사람이 어떤 論題(논제)에 대하여 따지고 논의함

討伐 토벌
군대를 보내어 침

檢討 검토
내용을 살펴서 따져 봄

聲討 성토
여러 사람이 모여서 어떤 잘못을 따져 규탄함

63 한자자격시험 3~4급

評 | 평

평론할

획수: **12** 부수: **言**

>>> 형성문자

言 + 平(평)

平價 평가
사람, 사물의 價値(가치)를 판단함

評論 평론
사물의 가치, 선악 따위를 비평하여 논함, 또는 그 글

評傳 평전
비평을 곁들여 쓴 전기

評判 평판
세상 사람들이 비평함, 또는 그 비평

批評 비평
사물의 是非(시비), 善惡(선악)을 평가함

酷評 혹평

가혹하게 비평함

64
한자자격시험 3~4급

許 | 허
허락할
획수: **11** 부수: **言**

>>> 형성문자

言 + 午(오) (→ 午의 전음이 음을 나타냄)

許可 허가

들어줌

許諾 허락

청을 들어줌

許容 허용

허락하여 용납함

特許 특허

특별히 허가함

65
한자자격시험 3~4급

訓 | 훈
가르칠
획수: **10** 부수: **言**

>>> 형성문자

言 + 川(천) (→ 川의 전음이 음을 나타냄)

訓戒 훈계

타일러 경계함

訓讀 훈독

한문의 뜻을 새겨 읽음

訓練 훈련

기술 등을 배워 익힘

訓示 훈시

가르쳐 보임

국어 실력으로 이어지는 수(秀) 한자: 3-4급 상

教訓 교훈

가르치고 깨우쳐 줌, 또는 그 가르침

66

한자자격시험 5~8급

計 | **계**

셈할

획수: **9** 부수: **言**

>>> 회의문자

言 + 十 (→ 十(십)은 수(數)의 뜻을 나타냄. 입으로 수를 헤아리는 모양에서, 수를 세다의 뜻을 나타냄)

計器 계기 / **計量** 계량 / **計算** 계산 / **計劃** 계획 / **合計** 합계

67

한자자격시험 5~8급

記 | **기**

기록할

획수: **10** 부수: **言**

>>> 형성문자

言 + 己(기)

記念 기념 / **記錄** 기록 / **記入** 기입 / **記載** 기재 / **速記** 속기 / **手記** 수기

68

한자자격시험 5~8급

讀 | **독, 두**

읽을, 구두

획수: **22** 부수: **言**

>>> 형성문자

言 + 賣(매) (→ '賣'는 '屬(속)'과 통하여, '계속하다'의 뜻에서 '말을 이어 늘어놓다'의 의미. 즉 '읽다'의 뜻이 됨)

讀書 독서 / **讀破** 독파 / **購讀** 구독 / **句讀點** 구두점 / **吏讀** 이두

詩 | 시
시
획수: **13** 부수: **言**

>>> 형성문자

言 + 寺(시)

詩歌 시가 / **詩想** 시상 / **詩仙** 시선 / **詩聖** 시성 /
詩語 시어 / **漢詩** 한시

語 | 어
말씀
획수: **14** 부수: **言**

>>> 형성문자

言 + 吾(오) (→ 吾의 전음이 음을 나타냄)

語感 어감 / **語不成說** 어불성설 / **語源** 어원 /
文語 문어 / **隱語** 은어

言 | 언
말씀
획수: **7** 부수: **言**

>>> 회의문자

言論 언론 / **言文一致** 언문일치 /
言語道斷 언어도단 / **言爭** 언쟁 /
言中有骨 언중유골 / **言行** 언행

話 | 화
말할
획수: **13** 부수: **言**

>>> 형성문자

言 + 舌(설) (→ 舌의 전음이 음을 나타냄)

話頭 화두 / **話術** 화술 / **話題** 화제 / **對話** 대화 /
祕話 비화 / **逸話** 일화

국어 실력으로 이어지는 수(秀) 한자: 3-4급 상

107

音

소리 음

말을 할 때 중요한 역할을 하는 혀와 입, 그리고 입 가운데 작은 선을 덧붙여 표현한 글자이다.

2

한자자격시험 3~4급

響 | 향

울릴

획수: **22** 부수: **音**

>>> 형성문자

音 + 鄕(향)

反響 반향

❶ 울림

❷ 어떤 일에 대한 반응으로 나타나는 현상

影響 영향

❶ 그림자와 메아리

❷ 어떤 사물의 작용이 다른 사물에 미치는 현상

音響 음향

소리의 울림

3

한자자격시험 5~8급

音 | 음

소리

획수: **9** 부수: **音**

>>> 지사문자

音階 음계 / **音聲** 음성 / **音樂** 음악 / **音韻** 음운 / **福音** 복음 / **騷音** 소음

108

齒

이 치

입 안 위아래에 나란히 나 있는 이를 표현한 글자이다.
후에 음의 역할을 하는 止[그칠 지]자를 덧붙였다.

2
한자자격시험 3~4급

齒 | 齒
이
획수: **15** 부수: **齒**

>>> 형성문자

齒[이의 모양] + 止(지) (→ 止의 전음이 음을 나타냄)

齒石 치석
이에 누렇게 엉기어 붙은 단단한 물질

齒牙 치아
이와 어금니, 또는 이

齒痛 치통
이가 아픈 증세

蟲齒 충치
벌레 먹어 상한 이

제6장
사람 관련 부수

신체 일부

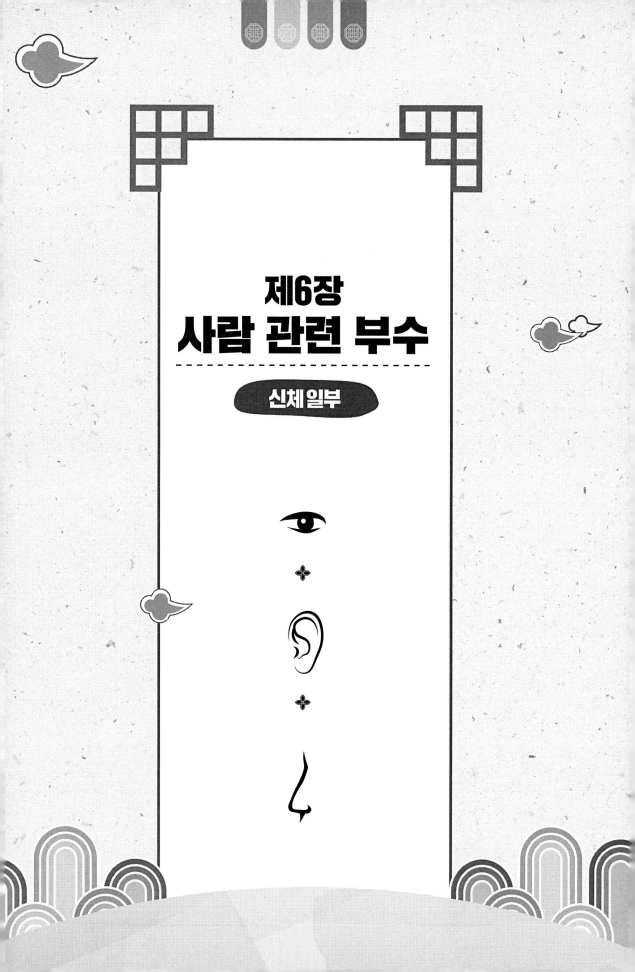

110

눈 목

눈을 표현한 글자이다.
目자 부수에 속하는 한자는 눈의 일부분이나 눈의 역할과 관계된
뜻을 지닌다.

7
한자자격시험 3~4급

看 | 간
볼
획수: **9** 부수: **目**

>>> 회의문자

手 + 目 (→ 이마에 손을 대고 멀리 바라봄의 의미)

看過 간과
따지지 않고 그대로 보아 넘김

看做 간주
그러한 듯이 보아 둠. 그렇다고 침

看破 간파
꿰뚫어 보아 속을 확실히 알아냄

看板 간판
상호, 업종 따위를 써서 내건 표지

看護 간호
병약자를 보살핌

8
한자자격시험 3~4급

督 | 독
감독할
획수: **13** 부수: **目**

>>> 형성문자

目 + 叔(숙) (→ 叔의 전음이 음을 나타냄)

督勵 독려
감독하여 격려함

국어 실력으로 이어지는 수(秀) 한자: 3-4급 상

督促 독촉

서둘러 하도록 재촉함

監督 감독

보살피어 잘못이 없도록 시킴, 또는 그렇게 하는 사람

目 + 亡(망) (→ 亡의 전음이 음을 나타냄)

9
한자격시험 3~4급
盲 │ 맹
소경
획수: **8** 부수: **目**
>>> 형성문자

盲目 맹목

❶ 먼눈

❷ 사리 분별에 어두움

盲信 맹신

옳고 그름의 분별 없이 무작정 믿음

盲人 맹인

소경

文盲 문맹

글을 읽지도 쓰지도 못하는 무식한 사람

色盲 색맹

色覺(색각)에 이상이 생겨 색의 구별이 되지 않는 상태

10
한자격시험 3~4급
眠 │ 면
잠잘
획수: **10** 부수: **目**
>>> 형성문자

目 + 民(민) (→ 民의 전음이 음을 나타냄)

冬眠 동면

겨울잠

369

睡眠 수면

잠, 또는 잠을 잠

熟眠 숙면

깊이 잠듦, 또는 그 잠

永眠 영면

영원히 잠듦. 곧, 죽음

催眠 최면

잠이 오게 함

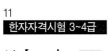

目 + 坴(륙) (→ 坴의 전음이 음을 나타냄)

親睦 친목

서로 친하여 화목함

和睦 화목

뜻이 맞고 정다움

木 + 目 (→ 나무에 올라보면 잘 보임의 뜻)

相關 상관

서로 관련을 가짐

相談 상담

서로 의논함

相逢 상봉

서로 만남

국어 실력으로 이어지는 수(秀) 한자: 3-4급 상

相扶相助 상부상조

서로서로 도움

相續 상속

다음 차례에 이어 줌, 또는 이어받음

相互 상호

피차간. 서로

13
한자자격시험 3~4급

眼 │ 안
눈
획수: **11** 부수: **目**

>>> 형성문자

目 ＋艮(간) (→ 艮의 전음이 음을 나타냄)

眼鏡 안경

눈을 보호하거나 시력을 돕기 위하여 눈에 쓰는 기구

眼球 안구

눈알. 눈망울

眼目 안목

❶ 사물을 분별하는 견식

❷ 눈초리. 눈매

眼下無人 안하무인

눈 아래 다른 사람이 없는 것처럼 굶

'교만해서 남을 업신여김'을 이름

肉眼 육안

❶ 육체에 갖추어져 있는 眼球(안구)

❷ 확대경을 쓰지 않은 본디의 시력

血眼 혈안

❶ 핏발이 선 눈

❷ 열중하여 바쁘게 몰아치는 일

眞 | 진
참
획수: **10** 부수: **目**

>>> 상형문자

사람이 눈을 부라리고 화를 내는 모양

眞價 진가
참된 값어치

眞理 진리
참된 도리. 바른 이치

眞僞 진위
참과 거짓

眞意 진의
참뜻. 본마음

純眞 순진
마음이 꾸밈없고 참됨

天眞無垢 천진무구
자연 그대로여서 꾸밈이나 흠이 없음

着 | 착
붙을
획수: **12** 부수: **目**

>>> 형성문자

본자는 著. 者(자)의 전음이 음을 나타냄

着工 착공
공사를 시작함

着陸 착륙
비행기, 비행선 따위가 공중에서 땅으로 내려앉는 일

着想 착상
새로운 생각이나 구상 따위를 잡는 일

着手 착수
일을 시작함

附着 부착

들러붙거나 붙임

執着 집착

어떤 한 가지 일에만 마음이 쏠림

16

한자자격시험 5~8급

目 | 목

눈

획수: **5** 부수: **目**

>>> 상형문자

目擊 목격 / **目的** 목적 / **目前** 목전 / **目標** 목표 /
題目 제목 / **條目** 조목

17

한자자격시험 5~8급

省 | 성, 생

살필, 덜

획수: **9** 부수: **目**

>>> 회의문자

少[미소함] + 目 (→ 미소한 것을 눈으로 봄의 의미)

省墓 성묘 / **省察** 성찰 / **省略** 생략 / **反省** 반성 /
自省 자성

18

한자자격시험 5~8급

直 | 직, 치

곧을, 값

획수: **8** 부수: **目**

>>> 회의문자

十 + 目 + ㄴ[감춤]

(→ 열 개의 눈으로 보니 감출 수 없음의 뜻)

直感 직감 / **直視** 직시 / **直言** 직언 / **直通** 직통 /
愚直 우직 / **正直** 정직

111

而 말이을 **이**

수염을 표현한 글자이다.

1

한자자격시험 3~4급

耐 | 내

견딜

획수: **9** 부수: **而**

>>> 회의문자

而 + 寸

耐久 내구

오래 견딤

耐性 내성

❶ 어려움을 견딜 수 있는 성질

❷ 병원균이 약품에 대하여 나타내는 저항성

耐乏 내핍

가난함을 참고 견딤

堪耐 감내

고통을 참고 견딤

忍耐 인내

참고 견딤

2

한자자격시험 3~4급

而 | 이

말이을

획수: **6** 부수: **而**

>>> 상형문자

哀而不悲 애이불비

슬프기는 하지만 겉으로 슬픔을 나타내지 않음

而立 이립

'30세'를 뜻함

耳

귀 이

귀를 표현한 글자이다.
耳자 부수에 속하는 한자는 대개 듣는 활동과 관련되어 이뤄진
뜻을 지닌다.

3

한자자격시험 3~4급

聯 | 련

잇닿을

획수: **17** 부수: **耳**

>>> 형성문자

耳 + 絲(관) (→ 絲의 전음이 음을 나타냄)

聯立 연립
둘 이상의 사물이 어울리어 섬

聯邦 연방
몇 나라가 연합하여 하나의 주권 국가를 이루고 있는 나라

聯想 연상
한 관념에 의해 관계되는 다른 관념을 생각하게 되는 현상

聯合 연합
두 가지 이상의 사물이 서로 합함

關聯 관련
서로 어떤 관계에 있음

4

한자자격시험 3~4급

聖 | 성

성인

획수: **13** 부수: **耳**

>>> 형성문자

耳 + 묵(정) (→ 묵의 전음이 음을 나타냄)

聖域 성역
❶ 신성한 지역. 특히, 종교상의 신성한 지역
❷ 문제 삼지 않기로 한 사항

聖人 성인

智德(지덕)이 뛰어나 세인의 모범으로 숭상 받는 사람

聖賢 성현

성인과 현인

神聖 신성

❶ 신과 같이 성스러움
❷ 더럽힐 수 없도록 거룩함

5

한자자격시험 3~4급

聲 | 성

소리

획수: **17** 부수: **耳**

>>> 형성문자

耳 + 殸(성)

聲明 성명

公言(공언)하여 의사를 분명하게 밝힘

聖樂 성악

사람의 목소리로 이루어진 음악

聲援 성원

소리쳐서 士氣(사기)를 북돋우어 줌

名聲 명성

좋은 평판

6

한자자격시험 3~4급

職 | 직

직분

획수: **18** 부수: **耳**

>>> 형성문자

耳 + 戠(직)

職務 직무

맡아서 하는 임무

職業 직업

생계를 꾸리기 위하여 일상 종사하는 업무

職責 직책

직무상의 책임

官職 관직

관리의 벼슬자리

求職 구직

일자리를 구함

7

한자자격시험 3~4급

聽 | 청

들을

획수: **22** 부수: **耳**

>>> 회의문자

耳 + 悳

聽覺 청각

소리를 듣는 감각

聽衆 청중

강연 등을 들으려고 모인 사람들

聽取 청취

방송 등을 들음

傾聽 경청

귀를 기울여 들음

盜聽 도청

몰래 엿들음

8

聰 | 총

귀밝을

획수: **17** 부수: **耳**

>>> 형성문자

耳 + 悤(총)

聰氣 총기

총명한 기질

聰明 총명

슬기롭고 도리에 밝음

9

聞 | 문

들을, 알려질

획수: **14** 부수: **耳**

>>> 형성문자

耳 + 門(문)

見聞 견문 / **所聞** 소문 / **新聞** 신문 / **風聞** 풍문

10

耳 | 이

귀

획수: **6** 부수: **耳**

>>> 상형문자

耳目 이목 / **耳目口鼻** 이목구비 / **耳順** 이순

국어 실력으로 이어지는 수(秀) 한자: 3-4급 상

臣

신하 **신**

단단히 벌려 뜬 눈의 상형으로, 똑똑한 신하의 뜻을 나타냄.

1
한자자격시험 3~4급

臨 | 림
임할
획수: **17** 부수: **臣**

>>> 형성문자

品(품)의 전음이 음을 나타냄

臨機應變 임기응변
그때그때의 형편에 따라 알맞게 일을 처리함

臨迫 임박
시기, 사건 등이 가까이 닥쳐옴

臨時 임시
❶ 시기에 임함
❷ 정해진 때가 아닌 일시적인 기간

臨戰無退 임전무퇴
世俗五戒(세속오계)의 하나로, '전쟁에 나아가서는 물러서지
말아야 함'을 이름

臨終 임종
❶ 죽을 때에 다다름
❷ 부모가 돌아가실 때 곁에서 모시고 있음

君臨 군림
❶ 임금으로서 그 나라를 거느리어 다스림
❷ 가장 높은 권위의 자리에 섬

臣 | 신

신하

획수: **6** 부수: **臣**

>>> 상형문자

臣下 신하

임금을 섬기는 벼슬아치

奸臣 간신

간악한 신하

使臣 사신

나라의 명을 받아 외국에 파견되던 신하

忠臣 충신

나라와 임금을 위하여 忠節(충절)을 다하는 신하

臥 | 와

누울

획수: **8** 부수: **臣**

>>> 회의문자

人 + 臣 (→ '臣(신)'은 아래쪽으로 향하는 눈. 사람이 눈을 아래쪽으로 돌리고 쉼을 뜻함)

臥病 와병

병으로 누워 있음

臥像 와상

누워 있는 모습으로 만든 상

臥薪嘗膽 와신상담

섶에 누워 자고 쓸개를 맛봄

'원수를 갚고자 온갖 괴로움을 참고 견딤'을 이름

114

自

스스로 자

코를 표현한 글자이다.

2
한자자격시험 5~8급

自 | 자
스스로
획수: 6 부수: 自

>>> 상형문자

自激之心 자격지심 / **自動** 자동 /
自問自答 자문자답 / **自手成家** 자수성가 /
自繩自縛 자승자박 / **自業自得** 자업자득 /
自然 자연 / **自初至終** 자초지종 / **自治** 자치 /
自他 자타 / **自暴自棄** 자포자기 /
自畵自讚 자화자찬 / **獨自** 독자

面

낯 면

낯을 표현한 글자이다.

面貌 면모 / **面駁** 면박 / **面接** 면접 / **面會** 면회 /
地面 지면 / **體面** 체면

116

首

머리 수

옆에서 본 머리를 표현한 글자이다.

한자자격시험 5~8급

首 | 수
머리
획수: **9** 부수: **首**

>>> 상형문자

首丘初心 수구초심 / 首腦 수뇌 / 首都 수도 /
首席 수석 / 首位 수위 / 自首 자수

鼻

코 비

코와 두 손으로 무언가 주는 모습을 표현한 글자이다.

自 + 畀(비)

鼻笑 비소
코웃음

鼻音 비음
콧소리

1
한자자격시험 3~4급

鼻 | 비
코
획수: **14** 부수: **鼻**

>>> 형성문자

118

心 마음 심 · 忄 심방변

심장을 표현한 글자이다. 心자가 글자에 덧붙여질 때는 忄의 형태로 변화되어 쓰이기도 한다. 心과 합쳐지는 한자는 사람의 성품이나 성질 또는 심리적 활동과 관련된 뜻을 지닌다.

37
한자자격시험 3~4급

慶 | 경
경사
획수: **15** 부수: **心**

>>> 회의문자

严[鹿(사슴)의 생략형] + 心 + 夂[다리]
(→ 옛날에는 吉事(길사)의 예물로 사슴(鹿)의 가죽을 보냈음)

慶事 경사
축하할 만한 기쁜 일

慶祝 경축
경사스러운 일에 대하여 기쁜 뜻을 표함

38
한자자격시험 3~4급

恭 | 공
공손할
획수: **10** 부수: **心**

>>> 형성문자

心 + 共(공)

恭敬 공경
윗사람을 공손하게 받듦

恭遜 공손
공경하고 겸손함

不恭 불공
공손하지 못함

39 한자자격시험 3~4급

慣 | 관
익숙할
획수: **14** 부수: **心**

>>> 형성문자

忄 + 貫(관)

慣例 관례
관습이 된 전례

慣性 관성
물체가 현재의 상태를 유지하려고 하는 성질

慣習 관습
일반적으로 인정되고 습관화되어 온 질서나 규칙

慣行 관행
습관이 되어 늘 행하여지는 일

習慣 습관
버릇

40 한자자격시험 3~4급

念 | 념
생각
획수: **8** 부수: **心**

>>> 형성문자

心 + 今(금) (→ 今의 전음이 음을 나타냄)

念慮 염려
걱정하는 마음, 또는 근심이나 걱정

念佛 염불
부처의 공덕을 생각하면서 나무아미타불을 외는 일

念願 염원
마음속으로 생각하고 바람, 또는 그러한 소원

信念 신념
굳게 믿는 마음

執念 집념
한 가지 일에만 달라붙어 정신을 쏟는 일

국어 실력으로 이어지는 수(秀) 한자: 3-4급 상

心 + 奴(노)

怒氣衝天 노기충천

노여운 기색이 하늘을 찌름

'잔뜩 성이 나 있음'을 이름

怒發大發 노발대발

몹시 성을 냄

激怒 격노

몹시 성냄

憤怒 분노

분하여 몹시 성냄

天人共怒 천인공노

하늘과 사람이 함께 노함

'누구나 분노를 참을 수 없을 만큼 증오스러움'을 이름

41
한자자격시험 3~4급

怒 | 노
성낼
획수: **9** 부수: **心**

>>> 형성문자

心 + 盧(로) (→ 盧의 전음이 음을 나타냄. '盧'는 '빙 돌리다'의 뜻. '마음을 돌리다', '깊이 생각하다'의 뜻)

考慮 고려

생각하여 헤아림

配慮 배려

여러 가지로 자상하게 염려해 줌

思慮 사려

여러 가지로 신중하게 생각함

42
한자자격시험 3~4급

慮 | 려
생각할
획수: **15** 부수: **心**

>>> 형성문자

心慮 심려

마음속의 근심

念慮 염려

걱정하는 마음

心 + 戀(련)

戀歌 연가

異姓(이성)에 대한 사랑을 나타낸 노래

戀愛 연애

남녀가 서로 그리워하는 사랑

戀人 연인

연애의 상대자

失戀 실연

사랑이 이루어지지 않음

43
한자자격시험 3~4급

戀 | 련

사모할

획수: **23** 부수: **心**

>>> 형성문자

忄 + 亡(망)

忙中閑 망중한

바쁜 중에도 어쩌다가 있는 한가한 짬

慌忙 황망

바빠서 어리둥절함

44
한자자격시험 3~4급

忙 | 망

바쁠

획수: **6** 부수: **心**

>>> 형성문자

국어 실력으로 이어지는 수(秀) 한자: 3-4급 상

45

한자자격시험 3~4급

忘 | 망

잊을

획수: **7** 부수: **心**

>>> 형성문자

心 + 亡(망)

忘却 망각

잊어버림

健忘症 건망증

기억력의 부족으로 잘 잊어버리는 병증

備忘錄 비망록

잊었을 때를 대비하여 기록해 두는 책자

46

한자자격시험 3~4급

慕 | 모

사모할

획수: **15** 부수: **心**

>>> 형성문자

心 + 莫(모)

思慕 사모

생각하고 그리워함

戀慕 연모

사랑하여 그리워함

追慕 추모

죽은 사람을 마음속으로 그리워함

47

한자자격시험 3~4급

悲 | 비

슬플

획수: **12** 부수: **心**

>>> 형성문자

心 + 非(비)

悲哀 비애

슬픔과 설움

悲慘 비참

슬프고 참혹함

悲歎 비탄

슬퍼하고 탄식함

悲痛 비통

몹시 슬프고 가슴 아픔

慈悲 자비

❶ 사랑하고 불쌍히 여기는 마음

❷ 부처가 중생을 안락하게 해 주려는 마음

喜悲 희비

기쁨과 슬픔

48
한자자격시험 3~4급

思 | 사

생각할

획수: **9** 부수: **心**

>>> 회의문자

心 + 囟[뇌] (→ 머리로 생각함의 뜻)

思考 사고

생각하고 궁리함

思慮 사려

신중하게 생각함

思料 사료

생각하여 헤아림

思索 사색

사물의 이치를 따지어 깊이 생각함

思春期 사춘기

異性(이성)에 대하여 눈을 뜨고 그리워하는 시기

意思 의사

무엇을 하려는 생각이나 마음

국어 실력으로 이어지는 수(秀) 한자: 3-4급 상

49
한자자격시험 3~4급

想 | 상
생각할
획수: **13** 부수: **心**

>>> 형성문자

心 + 相(상)

想起 상기

지난 일을 생각해 냄

想念 상념

마음에 떠오르는 생각

想像 상상

머릿속으로 그려서 생각함, 또는 그 생각

空想 공상

헛된 생각

回想 회상

지난 일을 돌이켜 생각함

50
한자자격시험 3~4급

恕 | 서
용서할
획수: **10** 부수: **心**

>>> 회의문자

心 + 如 (→ '如(여)'는 본디 '女(여)'로 부드러운 여자의 뜻. '부드러운 마음', '용서하다'의 의미)

容恕 용서

잘못이나 죄를 꾸짖거나 벌하지 않고 끝냄

忠恕 충서

자기의 정성을 다하고, 남을 헤아려 동정함

51
한자자격시험 3~4급

惜 | 석
아낄
획수: **11** 부수: **心**

>>> 형성문자

忄 + 昔(석)

惜別 석별
작별을 섭섭하게 여김

惜敗 석패
아깝게 짐

哀惜 애석
슬프고 아까움

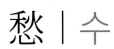

52
한자자격시험 3~4급

愁 | 수
근심
획수: **13** 부수: **心**

>>> 형성문자

心 + 秋(추) (→ 秋의 전음이 음을 나타냄)

愁心 수심
근심스러운 마음

憂愁 우수
근심과 걱정

鄕愁 향수
고향을 그리워하는 마음이나 시름

53
한자자격시험 3~4급

息 | 식
숨쉴
획수: **10** 부수: **心**

>>> 회의문자

自(코) + 心 (→ 가슴속의 숨이 코로 드나든다는 의미)

棲息 서식
동물이 깃들여 삶

安息 안식
편안하게 쉼

국어 실력으로 이어지는 수(秀) 한자: 3-4급 상

窒息 질식

숨이 막힘

歎息 탄식

한탄하며 한숨 쉼, 또는 그 한숨

休息 휴식

하던 일을 멈추고 쉼

54
한자자격시험 3~4급

惡 악, 오

나쁠, 미워할

획수: **12** 부수: **心**

>>> 형성문자

心 + 亞(아) (→ 亞의 전음이 음을 나타냄)

惡談 악담

남을 헐뜯거나 詛呪(저주)하는 말

惡夢 악몽

불길한 꿈

惡習 악습

좋지 않은 습관

惡戰苦鬪 악전고투

나쁜 여건에서 힘겹게 싸움

惡評 악평

나쁘게 평함, 또는 그런 비평

憎惡 증오

몹시 미워함

55

憶 | 억

생각할

획수: **16** 부수: **心**

>>> 형성문자

忄 + 意(의) (→ 意의 전음이 음을 나타냄)

記憶 기억

지난 일을 잊지 않고 외워 둠

追憶 추억

지나간 일을 돌이켜 생각함, 또는 그 생각

56

悅 | 열

기쁠

획수: **10** 부수: **心**

>>> 형성문자

忄 + 兌(태/열)

喜悅 희열

기쁨과 즐거움

57

悟 | 오

깨달을

획수: **10** 부수: **心**

>>> 형성문자

忄+ 吾(오)

悟性 오성

❶ 영리한 천성
❷ 합리적으로 생각하는 능력

覺悟 각오

❶ 깨달음
❷ 앞으로 닥쳐 올 일에 대한 마음의 준비

頓悟 돈오

❶ 문득 깨달음
❷ 불교의 참뜻을 갑자기 깨달음

58

한자격시험 3~4급

慾 | 욕

욕심

획수: **15** 부수: **心**

>>> 형성문자

心 + 欲(욕)

慾心 욕심

무엇을 지나치게 탐내거나 누리고 싶어 하는 마음

過慾 과욕

욕심이 지나침, 또는 지나친 욕심

物慾 물욕

물건을 탐내는 마음

貪慾 탐욕

탐내는 욕심

59

한자격시험 3~4급

憂 | 우

근심

획수: **15** 부수: **心**

>>> 형성문자

夂 + 憂(우)

憂慮 우려

근심하고 걱정함

憂愁 우수

근심과 걱정

憂鬱 우울

걱정되어 마음이 답답함

憂患 우환

집안에 병자가 있어 겪는 근심

愚 | 우
어리석을
획수: **13** 부수: **心**

>>> 형성문자

心 + 禺(우)

愚公移山 우공이산
우공이 산을 옮김
'어떤 일이든지 끊임없이 노력하면 마침내 성공함'을 이름

愚鈍 우둔
어리석고 무딤

愚昧 우매
어리석고 몽매함

愚問賢答 우문현답
어리석은 물음에 현명한 대답

愚民 우민
❶ 어리석은 백성
❷ 백성을 어리석게 만드는 일

怨 | 원
원망할
획수: **9** 부수: **心**

>>> 형성문자

心 + 夗(원)

怨望 원망
❶ 남을 못마땅하게 여기고 탓함
❷ 마음에 불평을 품고 미워함

怨聲 원성
원망의 소리

怨恨 원한
원통하고 한스러운 생각

宿怨 숙원
오래 묵은 원한

62

한자자격시험 3~4급

悠 | 유

멀

획수: **11** 부수: **心**

>>> 형성문자

心 + 攸(유)

悠久 유구

연대가 아득히 길고 오램

悠悠自適 유유자적

속된 일에 마음을 괴롭히지 않고, 자기가 하고 싶은 대로 마음 편히 삶

63

한자자격시험 3~4급

恩 | 은

은혜

획수: **10** 부수: **心**

>>> 형성문자

心 + 因(인) (→ 因의 전음이 음을 나타냄)

恩師 은사

恩惠(은혜)를 베풀어 준 스승
'스승'을 감사한 마음으로 이르는 말

恩寵 은총

❶ 높은 사람에게서 받는 특별한 은혜와 사랑
❷ 인간에 대한 神(신)의 사랑

恩惠 은혜

자연이나 남에게서 받는 고마운 혜택

報恩 보은

은혜를 갚음

64

한자자격시험 3~4급

應 | 응

응할

획수: **17** 부수: **心**

>>> 형성문자

心 + 雁(응) (→ 雁의 전음이 음을 나타냄)

應急 응급

급한 대로 우선 처리함

應答 응답

부름이나 물음에 응하는 대답

應試 응시

시험에 응함

應用 응용

어떤 원리를 실지에 적용하거나 활용함

反應 반응

자극, 작용을 받아 일이키는 변화나 움직임

適應 적응

상황이나 조건에 잘 어울림

65

한자자격시험 3~4급

忍 | 인

참을

획수: **7** 부수: **心**

>>> 형성문자

心 + 刃(인)

忍苦 인고

괴로움을 참음

忍耐 인내

참고 견딤

不忍 불인

마음이 모질지 못해 차마 하지 못함

66

한자자격시험 3~4급

慈 | 자
사랑

획수: **14** 부수: **心**

>>> 형성문자

心 + 玆(자)

慈悲 자비
❶ 사랑하고 불쌍히 여기는 마음
❷ 부처가 중생을 안락하게 해주려는 마음

慈善 자선
인자하고 착함
'불쌍한 사람을 동정하여 도와줌'을 이름

仁慈 인자
어질고 인정이 많음

67

한자자격시험 3~4급

情 | 정
뜻

획수: **11** 부수: **心**

>>> 형성문자

忄 + 靑(청) (→ 靑의 전음이 음을 나타냄)

情報 정보
사물의 내용이나 형편에 관한 소식과 자료

情緖 정서
어떤 일을 생각함에 따라 일어나는 감정의 실마리

情勢 정세
사정과 형세. 일이 되어가는 형편

情熱 정열
불같이 세차게 일어나는 감정

多情 다정
❶ 매우 정다움
❷ 정이 많음

表情 표정
감정이나 심리 따위가 얼굴에 나타난 상태

68
한자자격시험 3~4급

志 ㅣ 지
뜻

획수: **7** 부수: **心**

>>> 회의문자

心 + 士[(= 之) 갈 지] (→ 마음이 향하여 가는 곳의 뜻)

志願 지원

뜻하여 원함

志學 지학

나이 '15세'를 뜻함

공자가 15세에 학문에 뜻을 두었다는데서 온 말

志向 지향

생각이나 마음이 어떤 목적을 향함

同志 동지

뜻을 서로 같이하는 사람

意志 의지

생각. 의향

69
한자자격시험 3~4급

忠 ㅣ 충
충성

획수: **8** 부수: **心**

>>> 형성문자

心 + 中(중) (→ 中의 전음이 음을 나타냄)

忠告 충고

진심으로 남의 잘못에 대하여 주의를 줌, 또는 그 말

忠誠 충성

❶ 참마음에서 우러나는 정성

❷ 나라나 왕에게 바치는 곧고 지극한 정성

忠臣 충신

충성스러운 신하

忠實 충실

충직하고 성실함

忠言逆耳 충언역이

충고의 말은 귀에 거슬림

'바르게 타이르는 말일수록 듣기 싫어함'을 이름

忠孝 충효

충성과 효도

心 + 耳(이) (→ 耳의 전음이 음을 나타냄)

恥辱 치욕

부끄럽고 욕됨

羞恥 수치

부끄러움

廉恥 염치

조촐하고 깨끗하여 부끄러움을 아는 마음

70
한자자격시험 3~4급

恥 | 치

부끄러울

획수: **10** 부수: **心**

>>> 형성문자

⺖ + 夬(쾌)

快感 쾌감

상쾌하고 좋은 느낌

快擧 쾌거

가슴이 후련할 만큼 장하고 통쾌한 일

快刀亂麻 쾌도난마

잘 드는 칼로 헝클어진 삼 가닥을 자름

'어려운 사건을 명쾌하게 처리함'의 비유

71
한자자격시험 3~4급

快 | 쾌

쾌할

획수: **7** 부수: **心**

>>> 형성문자

快調 쾌조

상태가 매우 좋음

快差 쾌차

병이 거뜬히 나음

快晴 쾌청

구름 한 점 없이 날씨가 맑음

快活 쾌활

씩씩하고 활발함

明快 명쾌

분명하고 시원함

痛快 통쾌

마음이 매우 시원함

72
한자자격시험 3~4급

態 | 태

모양

획수: **14** 부수: **心**

>>> 회의문자

能 + 心 (→ '能(능)'은 잘할 수 있는 능력의 뜻. 어떤 일을 할 수 있다는 뜻에서 '모습', '모양'의 의미)

態度 태도

몸가짐의 모양이나 맵시

態勢 태세

갖추어진 태도와 자세

事態 사태

일이 되어가는 상태

世態 세태

세상의 상태나 형편

姿態 자태

몸가짐과 맵시

八 + 弋 (→ 八(나눔)과 弋(말뚝)의 합자. '心'과는 관계가 없는 글자이나 편의상 心部(심부)에 편입시킴)

必讀 필독

꼭 읽어야 함

必須 필수

꼭 있어야 함

必勝 필승

반드시 이김

必然 필연

반드시 그렇게 되는 일

必要 필요

꼭 요구되는 바, 또는 꼭 있어야 하는 것

事必歸正 사필귀정

모든 잘잘못은 반드시 바른길로 돌아옴

忄 + 艮(간) (→ 艮의 전음이 음을 나타냄)

恨歎 한탄

원통하거나 뉘우침이 있을 때 한숨 쉬며 탄식함

餘恨 여한

풀지 못하고 남은 원한

怨恨 원한

원통하고 한스러운 생각

痛恨 통한

가슴 아프게 한탄함

悔恨 회한

뉘우치고 한탄함

75
한자자격시험 3~4급

恒 | 항
항상
획수: **9** 부수: **心**

>>> 형성문자

忄 + 亙(긍) (→ 亙의 전음이 음을 나타냄)

恒久 항구

바꾸지 않고 오래감

恒常 항상

늘. 언제나

恒時 항시

평상시. 보통 때

恒心 항심

언제나 지니고 있는 올바른 마음

76

한자자격시험 3~4급

憲 | 헌

법

획수: **16** 부수: **心**

>>> 회의문자

心 + 目[눈] + 害[해악] (→ 마음이나 눈의 명백한 동작으로 해악을 제거함. 후에 법의 뜻이 됨)

憲法 헌법

국가의 통치 체제에 대한 근본 원칙을 정한 기본법

憲章 헌장

❶ 헌법의 典章(전장)

❷ 理想(이상)으로서 규정한 원칙적인 규범

改憲 개헌

헌법을 개정함

立憲 입헌

헌법을 제정함

違憲 위헌

헌법을 어김

77

한자자격시험 3~4급

惠 | 혜

은혜

획수: **12** 부수: **心**

>>> 회의문자

心 + 叀(전) (→ '叀'은 실감개의 상형으로 남에게 한결같은 마음을 베풀다의 뜻)

惠澤 혜택

은혜와 덕택

受惠 수혜

혜택을 받음

恩惠 은혜

고마운 혜택

心 + 串(관) (→ 串의 전음이 음을 나타냄)

患難 환난

근심과 재난

患者 환자

병을 앓는 사람

宿患 숙환

오랜 病患(병환)

憂患 우환

집안에 병자가 있어서 겪는 근심

疾患 질환

병

78
한자자격시험 3~4급

患 | 환
근심
획수: **11** 부수: **心**

>>> 형성문자

忄 + 每(매) (→ 每의 전음이 음을 나타냄)

悔改 회개

잘못을 뉘우쳐 고침

懺悔 참회

뉘우쳐 마음을 고쳐먹음

後悔 후회

이전의 잘못을 깨닫고 뉘우침

79
한자자격시험 3~4급

悔 | 회
뉘우칠
획수: **10** 부수: **心**

>>> 형성문자

국어 실력으로 이어지는 수(秀) 한자: 3-4급 상

80
한자자격시험 5~8급

感 | 감
느낄

획수: **13** 부수: **心**

>>> 형성문자

心 + 咸(함) (→ 咸의 전음이 음을 나타냄)

感覺 감각 / **感慨無量** 감개무량 / **感動** 감동 /
感情 감정 / **感之德之** 감지덕지 /**敏感** 민감

81
한자자격시험 5~8급

急 | 급
급할

획수: **9** 부수: **心**

>>> 형성문자

心 + 及[급: 急의 古體(고체)] (→ '及(급)'은 '따라붙다'의
뜻. 쫓길 때의 절박한 마음을 나타냄)

急騰 급등 / **急迫** 급박 / **急錢** 급전 /
急轉直下 급전직하 / **急行** 급행 / **緊急** 긴급

82
한자자격시험 5~8급

性 | 성
성품

획수: **8** 부수: **心**

>>> 회의문자

忄 + 生[날 생] (→ 타고난 성질의 뜻)

性格 성격 / **性質** 성질 / **性稟** 성품 / **性向** 성향 /
理性 이성

83
한자자격시험 5~8급

心 | 심
마음
획수: **4** 부수: **心**

>>> 상형문자

심장을 본뜬 글자

心琴 심금 / **心機一轉** 심기일전 / **心性** 심성 /
心身 심신 / **心證** 심증 / **銘心** 명심

84
한자자격시험 5~8급

愛 | 애
사랑
획수:**13** 부수: **心**

>>> 형성문자

夊 + 㤅[애: 愛의 古字]

愛情 애정 / **愛憎** 애증 / **愛之重之** 애지중지 /
愛着 애착 / **愛好** 애호 / **博愛** 박애

85
한자자격시험 5~8급

意 | 의, 희
뜻, 한숨쉴
획수: **13** 부수: **心**

>>> 회의문자

音[소리] + 心 (→ 말이 되기 전의 마음, '생각'의 뜻)

意氣投合 의기투합 / **意圖** 의도 / **意思** 의사 /
意欲 의욕 / **意志** 의지 / **自意** 자의